MUTTER MEERA

ANTWORTEN

Teil II

Titel der englischen Originalausgabe
Answers, Part II

ISBN 3-9805475-6-6

Mutter Meera
Oberdorf 4a
65599 Dornburg-Thalheim
Tel. +49-(0)6436-91050, 91051
Fax +49-(0)6436-2361

INHALT

Thalheim, Deutschland 1995

EINLEITUNG

Ein Avatar ist eine Inkarnation des Göttlichen. Immer, wenn es notwendig wird, die Menschheit zu beschützen und emporzuheben, sendet Gott einen Avatar zur Erde.

Einer dieser Avatare, der weltweit besonders verehrt und geliebt wird, ist Mutter Meera, eine junge Inderin, die am 26. Dezember 1960 in dem südindischen Dorf Chandepalle geboren wurde. Schon bald zeigte Sie sich als ein ungewöhnliches Kind. Ihre Eltern, die Sie sehr liebten, behandelten Sie daher als etwas ganz Besonderes. Ihre Familie war nicht ausgesprochen religiös, und so wurde Sie in keiner bestimmten Tradition erzogen. Ihre wahren Eltern waren die spirituellen Führer, denen Sie in innerer Schau begegnete. Von ihnen erhielt Sie die Liebe und Hilfe, die Sie brauchte. In der Obhut Ihres Onkels, Herrn Reddy, verbrachte Sie einige Zeit in Pondicherry, wo Ihre außergewöhnliche Erscheinung grosse Aufmerksamkeit erregte. Heute wird Sie in ganz Indien als Göttliche Mutter verehrt. 1982 heiratete Mutter Meera einen Deutschen, der mit Ihr in Thalheim, einem stillen Dorf in Deutschland, lebt. Obwohl Sie nie die Öffentlichkeit gesucht hat, erkennen Tausende aus Ost und West Mutter Meera als Göttliche Mutter an und suchen Sie auf, um Ihren Darshan zu erhalten, die stille Übertragung von Gnade und Licht durch Ihren Blick und Ihre Berührung. Keine Lehren, keine Rituale, kein Gesang – nur stiller Segen. Ohne Worte verwandelt Ihr Einfluss von innen her Herz und Verstand der Menschen. Ihre unmittelbare Nähe vermittelt das Gefühl, in der Gegenwart des Höchsten zu sein. Ihr Blick dringt tief in Seele, Herz und Geist. Die Stille gibt Ihrer Schönheit, Hoheit und Kraft Ausdruck, ebenso Ihrer Liebe und Reinheit.

Im Umgang mit Mutter Meera fühle, erkenne und erlebe ich die vier Hauptaspekte der Göttlichen Mutter. Ihr Wesen, Ihre Bewegungen, Ihr Blick, alles vermittelt ein tiefes Gefühl heiliger Liebe und Reinheit; jede Ihrer Handlungen erinnert an die Gita, die Veden oder die Bibel. Ihre Lebensweise ist so schlicht und einfach, sowohl in Worten als auch im Handeln. Wie die Sonne und ihr Glanz nicht voneinander zu trennen sind , so ist auch Ihr Tun nicht von Ihrer Rede zu unterscheiden. Die Mutter gibt uns allen ein praktisches Beispiel, dass man in dieser Welt leben und gleichzeitig mit Gott vereint sein kann.

Meine Sehnsucht nach dem Göttlichen führte mich zuerst zum Sri Aurobindo Ashram in Pondicherry und schließlich zur Mutter. Als ich Ihr zum ersten Mal begegnete, war Sie 13 Jahre alt. Schon bei dieser ersten Begegnung fühlte ich, dass Sie die Göttliche Mutter ist, und erlebte Sie als Durga. Später, als ich Zeuge war, wie Sie den Menschen mit Ihrem allwissenden Rat half, erkannte ich in Ihrer Weisheit Ihren Aspekt der Maheshwari. Geschäftsleute, Ärzte, Anwälte, Musiker, Schauspieler, Architekten, sie alle sind immer wieder über Ihr Wissen erstaunt. Durch Ihre Weisheit, Ihre Erklärungen und Ihre logische Analyse des täglichen Lebens veränderte Sie nach und nach meine engen traditionellen Anschauungen und ersetzte sie durch Licht, Liebe und Einsicht. Obwohl es in Indien immer noch das Kastensystem bis hin zu den „Unberührbaren" gibt, lebte die Mutter von Kindheit an mit den unterschiedlichen Kasten und Religionen unmittelbar zusammen. Sie sieht zwischen diesen keinerlei Unterschied, doch weiß Sie, dass es den Menschen sehr schwer fällt, andere als ihre eigenen Sitten und Religionen zu akzeptieren.

In Mutter Meeras *Antworten* wird deutlich, wie umfassend Sie die Welt kennt und die Schwierigkeiten und Leiden der Menschen versteht und dass Sie praktische Lösungen weiß für die Probleme des täglichen Lebens, der zwischenmenschlichen Beziehungen, des Lebens in der Familie, der

Arbeitswelt und auch der spirituellen Praxis. Wir spüren Ihre Liebe zur ganzen Menschheit und Ihre starke Anteilnahme, dass es allen Menschen auch in irdisch-materieller Hinsicht gut gehen möge. Ihre Güte ist so grenzenlos wie das Meer, und bei alledem ist Sie die Demut in Person.

Den Aspekt der Saraswati sehe ich bei der Mutter in der Vollkommenheit, die Sie in Ihrem Tun offenbart. Vom Gärtnern bis zu Bauarbeiten, alles verrichtet Sie mit außergewöhnlicher Geduld und im Einklang mit den Rhythmen der Natur. Und diese „Energie", mit der Sie ohne auszuruhen unablässig arbeitet, versetzt mich immer wieder in Erstaunen.

Für einen Avatar erscheint Ihr Tun manchmal recht ungewöhnlich. Wenn niemand zur Mithilfe da ist, macht die Mutter zum Beispiel ganz allein Bauarbeiten: Sie mauert, baut Wände, klettert auf das Dach. Neulich musste in dem neuen Anwesen das alte Dach der Darshanhalle völlig abgerissen und durch ein neues, das einen knappen Meter höher ist, ersetzt werden. In dieser Zeit arbeitete die Mutter Tag und Nacht, ohne sich Ruhe zu gönnen, und gab den Devotees wie gewöhnlich den abendlichen Darshan – mit derselben Intensität von Liebe und Frieden. Genauso arbeitete Sie an der Wärmedämmung im neuen Gebäude und überwachte gleichzeitig aufmerksam alle Tätigkeiten, und alles in demselben unermüdlichen Rhythmus. Ihre göttliche Präsenz in Aktion zu erleben erfüllt mich mit Ehrfurcht! Bei solchen Gelegenheiten spüre ich sehr stark Ihren Aspekt der Mahakali.

Der letzte der vier Hauptaspekte, die ich in Mutter Meera erlebe, ist Mahalakshmi, und keiner ist wohl anziehender für die Herzen der Menschen: Ihr nahe sein zu dürfen bedeutet tiefe Freude, und Sie im Herzen zu fühlen ist Entzücken. Das können wir beim Darshan erfahren.

Obwohl ich seit fast 27 Jahren mit der Mutter zusammen lebe, lerne ich ständig Neues aus den Antworten, die Sie den Menschen mit ihren so unterschiedlichen Persönlichkeiten und Berufen gibt. Ich spüre ganz tief Ihre Liebe und Weisheit wie auch Ihre Anteilnahme und Sorge für jeden Einzelnen. Obgleich ich fast mein halbes Leben mit Ihr verbracht habe, ist Sie für mich immer noch ein göttliches Geheimnis.

– Adilakshmi

అమ్మ

Allgemeine Botschaft

„Mache deine Arbeit
und bleibe dort, wo du lebst.
Bete zum Göttlichen.
Ich werde dir helfen."

– Mutter Meera

PARAMATMAN

Frage: Kommt das Paramatman-Licht jetzt herab?

Mutter Meera: Das Licht kommt ständig herab. Manche sehen es bereits beim Darshan, andere sehen es außerhalb des Darshans. Jeder wird es irgendwann einmal wahrnehmen und verwandelt werden.

F: Wenn Paramatman der höchste Gott ist, ist es dann noch nötig, zu Gottheiten wie Brahma, Vishnu, Shiva, Durga usw. zu beten?

MM: Wenn du willst, kannst du zu jedem Gott beten, an den du glaubst.

F: Wie spürt man den Unterschied zwischen dem supramentalen und dem Paramatman-Licht?

MM: Das supramentale Licht kann ein leichtes Brennen verursachen, wenn man es aufnimmt. Das höchste Licht hingegen verursacht keinen Schmerz.

F: Was ist der Unterschied zwischen dem Paramatman-Licht und dem supramentalen Licht?

MM: Jedes Licht geht aus dem Paramatman-Licht hervor.

F: OM ist alles und aus ihm ist alles hervorgegangen. Welche Beziehung besteht zwischen OM und Paramatman?

MM: OM ist ein von Menschen gemachtes Wort, das die Schöpfung beschreiben soll. Alles ist aus Paramatman hervorgegangen.

F: Würdest Du bitte Paramatman beschreiben.

MM: Paramatman ist der Ursprung und die Essenz des gesamten Universums. Er ist allgegenwärtig, ohne Namen und Form.

F: Ist Paramatman männlich oder weiblich?

MM: Paramatman hat weder Gestalt noch Geschlecht.

F: In welcher Beziehung steht Adiparashakti zu Paramatman?

MM: Paramatman ist das Höchste. Alles kommt von Paramatman.

F: Welcher Unterschied besteht zwischen den Lichtpartikeln oder Lichtwellen, die die Wissenschaft untersucht, und dem Paramatman-Licht?

MM: Sonnenlicht ist heiß, das Paramatman-Licht dagegen kühl und enthält alle anderen Lichter.

AVATARE

F: Mutter, stehst Du mit Avataren in Verbindung und kannst Du mit ihnen sprechen?

MM: Ja.

F: Gefällt es Dir, Mutter Meera zu sein?

MM: Es ist keine Frage des Gefallens oder Nicht-Gefallens. Ich bin zu diesem Zweck gekommen und bin es.

F: Mutter, wenn nach einiger Zeit Dein Körper nicht mehr auf der Erde sein wird, wird dann Deine Kraft immer noch hier sein?

MM: Ob ein Avatar körperlich anwesend ist oder nicht, seine Kraft ist es immer.

F: Wie denkst Du über Gandhi? Ist er ein Avatar?

MM: Nein, er war ein Vibhuti. Er war ein Freiheitskämpfer. Er opferte sein Leben für sein Vaterland. Gandhi, Nehru und Indira Gandhi, sie alle kamen für einen bestimmten Zweck.

F: Was ist der Unterschied zwischen einem Avatar und einem Vibhuti?

MM: Ein Avatar ist eine göttliche Inkarnation. Er erscheint, um die ganze Menschheit emporzuheben, also zu einem göttlichen Zweck. Ein Vibhuti hingegen kommt um einer speziellen Arbeit willen, die mehr mit der Welt zu tun hat. So kann zum Beispiel ein Politiker ein Vibhuti sein, wie Mahatma Gandhi, Indira Gandhi usw.

F: Ist Vivekananda ein Avatar?

MM: Er war ein Bote Gottes.

F: Meiner Meinung nach ist Jesus Christus nicht Gott, aber er liebt die Menschen; er ist ein Liebender der Menschheit.

MM: Jeder urteilt nach seinem Wissen und seiner Erfahrung.

F: Ich glaube, Jesus ist größer als Maria.

MM: Du kannst glauben, was du für richtig hältst, aber es ist so, dass beide unterschiedliche Funktionen haben. Sie kamen zu unterschiedlichen Zwecken. Man kann nicht urteilen, dass einer größer sei als der andere.

F: Christus ist der Sohn Gottes, doch viele verehren die Jungfrau Maria.

MM: Beide symbolisieren die Liebe und die Tat. Beide sind groß. Größe lässt sich mit Worten nicht erklären.

F: Ich glaube, ein Avatar ist mehr wie eine Mutter als wie ein Vater.

MM: Ein Avatar ist mehr als Vater und Mutter. Er ist die Shakti selbst.

F: Was ist Shakti?

MM: Mit Körperkraft kann man körperliche Arbeit gut verrichten. Mit göttlicher Shakti können wir jede beliebige Arbeit tun.

F: Ist Maria in dieser Zeit von besonderer Bedeutung?

MM: Das Göttliche ist zu allen Zeiten dasselbe.

F: Haben sich Avatare zuvor als Menschen verkörpert?

MM: Avatare kommen von Paramatman. Um zur Erde zu kommen, müssen sie keine früheren Inkarnationen als Menschen gehabt haben. Sie sind immer Avatare. Wann immer Paramatman sie auffordert, zur Erde zu gehen, werden sie dort geboren. Avatare haben weder gutes noch schlechtes Karma. Für sie gibt es kein Karma, sie stehen über dem Karma. Nur Menschen haben Karma.

F: Können alle Avatare Paramatman sehen?

MM: Alle Avatare können Paramatman schauen. Zwar ist ihre Art zu wirken unterschiedlich, doch ihre Erfahrung ist dieselbe.

F: Hat es Krishna historisch wirklich gegeben? Und wenn ja, lebte er genau so wie in den Schriften beschrieben?

MM: Ja.

F: Hat Buddha je Japa (Wiederholen des göttlichen Namens) gemacht?

MM: Er war mehr nach innen gekehrt, in sein Selbst versenkt.

F: Was ist der Unterschied zwischen einem Avatar und einem Jnani?

MM: Ein Avatar wird mit Weisheit geboren, ein Jnani erlangt Weisheit durch Sadhana (spirituelle Disziplin).

అమ్మ

Babu, Mutter, Herr Reddy und Adilakshmi 1984

MUTTER MEERA UND HERR REDDY

(Adilakshmi:) Als ich 1972 durch Herrn Reddy zum ersten Mal von der Mutter hörte, kam es mir so vor, als würde ich Sie bereits kennen. Nach dieser Göttlichen Mutter war ich immer auf der Suche gewesen! Herr Reddy erzählte mir, wie er der Mutter begegnet war und dass er nach dieser Mutter fast 40 Jahre gesucht hätte. Einmal fragte ich die Mutter, wie und wo Sie Herrn Reddy begegnet war und welchen Eindruck Sie von ihm hatte. Sie erzählte mir, dass Sie sogar schon als Kind oft die Vision eines Mannes mit weißem Dhoti und Kurta (indische Männerkleidung) und einer Gandhi-Kappe hatte. Das war Herr Reddy, und Sie wusste, dass er in Ihrem Leben eine sehr wichtige Rolle spielen würde. Als Sie Herrn Reddy dann an der Bushaltestelle in Ihrem Heimatort begegnete, erkannte Sie, dass er der Mann Ihrer Kindheitsvisionen war. Ich fragte die Mutter:

Adilakshmi: Liebe Mutter, wann bist Du Herrn Reddy begegnet?

MM: Als Herr Reddy vom Ashram in Pondicherry auf einen Besuch in mein Dorf kam, holte ich ihn an der Bushaltestelle ab. Jemand aus seiner Familie begleitete mich dabei. Ich war damals 12 Jahre alt.

Adilakshmi: Wie reagierte Herr Reddy?

MM: Herr Reddy reichte mir seinen Koffer. Dann fragte er: „Wer ist dieses Mädchen?" Er stand auf dem Trittbrett des Busses, die Hand am Eisengeländer und war im Begriff auszusteigen. Aber er blieb dort stehen, regungslos wie eine Statue, und schaute mich ohne zu zwinkern in liebevollem Erkennen an.

(Adilakshmi:) Herrn Reddys Familienmitglieder stellten die Göttlichkeit der Mutter in Frage. Einmal brachte er die Mutter nach Hyderabad und fuhr anschließend allein nach Chandepalle zurück. Dort erlebte er, dass er Sie in Chandepalle „sah“, obwohl sie ja in Hyderabad geblieben war. Herr Reddy erzählte mir diese Begebenheit wie folgt: „Ich schlief zu Hause in Chandepalle. Da hörte ich, wie die Mutter mich rief: 'Onkel!' Ich wachte auf und sah Sie ganz lebhaft vor mir. Sie saß auf einem Stuhl, und ich bot Ihr eine Süßspeise an (payasam). Die Mutter aß sie und sprach mit mir. Dann verschwand Sie. Ich suchte Sie, ohne Sie zu finden. Später fragte ich Sie, ob Sie in Chandepalle gewesen sei; worauf sie antwortete, Sie sei in Hyderabad geblieben. Also fragte ich Sie: 'Wie bist du dann hergekommen?'“

„Die Mutter erklärte mir: 'Für mich ist es nicht nötig wie für dich, körperlich herzukommen, um zu sehen, was los ist. Wenn du dich konzentrierst und wissen willst, was ich tue, ist es auch dir möglich, mich zu sehen. Von jetzt an werde ich oft zu dir kommen. Du solltest dir keine Sorgen um mich machen, sondern dich einfach konzentrieren, dann kannst du sehen, was ich tue.'“

Einmal wohnte die Mutter mehrere Wochen bei einem befreundeten Ehepaar von Herrn Reddy. Das Paar war schon lange verheiratet, aber es hatte keine Kinder. Bald nach der Ankunft der Mutter wurde die Frau schwanger. Sie sagte: „Du bist in unser Haus gekommen und hast mich mit einem Kind gesegnet."

Ein paar Monate lang wohnte die Mutter bei verschiedenen anderen Freunden von Herrn Reddy. Alle diese Familien sorgten liebevoll für Sie. 1974 kam Sie nach Pondicherry.

Vertraut mit Herrn Reddy und seiner Beziehung mit der Mutter dachte ich oft an Lord Krishna und seine Pflegeeltern Yashoda und Nanda. Wie Vasudeva, der Vater von Krishna, so versuchte auch Herr Reddy an vielen Orten Eltern für die Mutter zu finden. Schließlich nahm er selbst die Verantwortung auf sich, Ihr Mutter und Vater zu sein. Er nahm Abschied von seiner Familie und seinem Besitz.

Für ihn stand nun die Mutter an erster Stelle. Von diesem Augenblick an bis zu seinem Lebensende hielt er sein Versprechen und ließ die Mutter nie mehr allein. Herr Reddy reiste mit Ihr an viele Orte, und viele Menschen, die Sie sahen, erkannten Ihre Göttlichkeit. Viele von jenen, die Ihre Göttlichkeit zuerst nicht erkannten, wurden später ergebene Anhänger.

అమ్మ

MUTTER MEERA

F: Mutter, manche nennen Dich einen Guru, andere einen Avatar, wieder andere Göttliche Mutter. Wer bist Du wirklich?

MM: Ich bin gekommen, um Menschen in Not zu helfen und sie zu beschützen.

F: Bist Du schon einmal auf der Erde gewesen?

MM: Wann immer auf der Welt die Notwendigkeit besteht und Menschen Schutz und Hilfe brauchen, bin ich für sie da.

F: Wusstest Du von Geburt an, wer Du bist?

MM: Ja, ich wusste bei meiner Geburt, wer ich bin. Es hat zwischen mir und dem Göttlichen nie eine Trennung gegeben.

F: Mutter, ich möchte dir mein Leben weihen. Was soll ich tun?

MM: Es ist nicht notwendig, mir ergeben zu sein oder auch nur an mich zu glauben. Wenn du aufrichtig zu deinem Guru oder Meister, zu Gott, zum Absoluten oder zum Göttlichen bist, reicht das aus und ich werde dein Vertrauen stärken. Letztlich genügt es mir, wenn du an Gott glaubst. Mein Rat ist: Tue deine Arbeit und erfülle deine Pflichten mit ganzem Herzen und mit Freude, bringe Frieden und Glück in deine Familie und deine Umgebung, mache Japa – das Singen oder stille Wiederholen des göttlichen Namens oder des Namens dessen, woran du glaubst – und bitte um was immer du möchtest.

Wenn du mich oder meine Hilfe brauchst, werde ich dir helfen, ganz gleich, welchem Weg du auch folgen magst. Für mich gibt es keinen Unterschied. Alle Wege führen zum selben Ziel, nämlich zur Verwirklichung des Göttlichen.

F: Das heißt also, dass Du uns nicht dazu ermutigst, unseren Beruf, die Familie oder die Heimat zu verlassen?

MM: Ja, das ist richtig. Ich rate, dass die Menschen dort bleiben, wo sie sind. Wenn sie Hilfe brauchen, werde ich ihnen überall auf der Welt helfen.

F: Du lebst jetzt in Deutschland. Gibt es einen besonderen Grund, warum Du in Europa lebst?

MM: Ja.

F: Und warum?

Adilakshmi: Es gibt einige spezielle, aber auch praktische Gründe, in Deutschland zu leben, wie zum Beispiel die Dialyse von Herrn Reddy.

Die Mutter wirkt in der Stille. Es spielt keine Rolle für Sie, ob Menschen oder andere Wesen im Universum Ihr Werk anerkennen oder nicht. Sie arbeitet beständig und geduldig. Wenn wir Ihr Wirken bewusst wahrnehmen und fühlen, können wir uns der Schönheit dieses Wirkens erfreuen. Schon die Bemühung zu erkennen, auf welche Weise die Mutter handelt, schenkt uns echtes Glück, das tief in unserem Herzen Wurzeln schlägt.

F: Ist Mutter Meera auch für andere Wesen im Kosmos Mutter?

MM: Ja.

F: Dann ist Dein Wirken als Mutter nicht auf die Erde beschränkt?

MM: Nein, andere Planeten und andere Welten sind mit eingeschlossen.

F: Hast Du auch für die Weiterentwicklung dieses Planeten mit der Führung von Wesen wie Engeln und Devas zu tun?

MM: Ja.

(Adilakshmi:) Am Geburtstag der Mutter brachte jemand ein Geschenk, und die Mutter begann, es auszupacken. Derjenige fragte dann, ob Sie wisse, was darin sei, und wenn ja, warum Sie es dann noch auspacke. Die Mutter antwortete: „Die anderen hier wissen es nicht."

F: Können Menschen Deinen Weg beschreiten oder haben sie einen anderen Weg zu gehen? Welche wesentlichen Schritte sollten die Menschen tun, um zu der Aufgabe der Transformation der Erde etwas beizutragen?

MM: Alle Menschen können den gleichen Weg gehen: sich immer an Gott bzw. das Göttliche erinnern.

F: Während des Darshans kam mir ein Bild, das mich an die großen Flügel der ägyptischen Göttin Isis erinnert, der Göttin der Fruchtbarkeit, die mit Mond und Erde verbunden ist. Kann man Deine Funktion mit der der Isis vergleichen?

MM: Ja.

F: Welchen Einfluss hat das Paramatman-Licht auf Dich? Welchen Unterschied fühlst Du zwischen diesem Licht und der Welt?

MM: Ich fühle keinen Unterschied zwischen seiner Gegenwart oder Abwesenheit. Es ist Teil meines Körpers, also fühle ich nichts Besonderes.

F: Viele von uns öffnen sich Dir, wenn wir zum Darshan kommen, doch nachdem wir in Seligkeit eingetaucht waren, fühlen wir in uns anschließend Ärger hochsteigen. Wie ist das möglich?

MM: Solange ihr weit entfernt seid, erfüllt euch Sehnsucht. Wenn ihr dann zum Darshan kommt und vom Göttlichen erfüllt werdet, kommen auch andere Eigenschaften wie Ärger, Eifersucht usw. hoch, weil ihr euch nach der Erfahrung des Göttlichen eurer menschlichen Eigenschaften bewusster werdet.

F: Ich bin in Auroville gewesen. Jetzt würde ich gern in Deutschland leben. Ich möchte in Deiner Nähe wohnen und eine Arbeit finden.

MM: Wo immer du eine Arbeit findest, da kannst du leben. Das muss nicht in Deutschland sein.

F: Hast du dich in der Vergangenheit schon einmal inkarniert?

MM: Ob ich mich früher schon einmal inkarniert habe oder das in Zukunft wieder tun werde, das ist nicht wichtig. Das einzig Wichtige ist, dass ich jetzt hier bin.

F: Jeder Guru und jede Religion lehren ihre eigenen Wege und sagen, dass man einzig diesem und keinem anderen folgen solle. Du hingegen lässt alle Religionen und Gemeinschaften ihren eigenen Weg gehen und sagst nicht, dass sie dem Deinigen folgen müssten. Warum?

MM: Es gibt keine spezielle Regel, um mir zu folgen. Die Menschen können ruhig die Wege gehen, die sie mögen. Ich helfe trotzdem allen.

F: Glauben die, die bei Dir im Haus wohnen, nur an Dich?

MM: Nein. Jeder hat seine eigene Glaubensrichtung. Einige glauben an Sri Aurobindo, einige machen TM (Transzendentale Meditation), einige sind bei Rajneesh gewesen und einige glauben nur an mich. Sie können glauben, was sie mögen. Für mich gibt es keinen Unterschied. Alle Flüsse fließen zum Meer.

F: Mutter, glaubst Du, dass diejenigen, die bei Dir wohnen oder zu Dir kommen, immer bei Dir bleiben werden?

MM: Ich glaube nicht. Es liegt bei ihnen.

F: Inzwischen kommt eine riesige Zahl von Menschen, um Dich zu sehen. Für manche ist es das einzige Ziel im Leben, für immer bei Dir zu bleiben.

MM: Grundsätzlich ermuntere ich niemanden, hierher zu ziehen. Jeder kann dort leben, wo er ist. Wenn man ehrlich strebt und sich sehnt, wächst der Glaube, und dann ist es ganz gleich, ob man bei mir oder Tausende von Kilometern entfernt lebt.

F: Warum nimmst Du kein Geld für den Darshan?

MM: Ich möchte nicht im Namen des Göttlichen Geld verlangen. Wenn die Menschen ehrlich und von Herzen etwas beitragen möchten, können sie spenden, was immer sie wollen.

(Adilakshmi:) Manchmal fragt mich die Mutter nach meiner Meinung oder meinem Gefühl. Einmal fragte Sie:

MM: Diese Frau hier hängt seit zwanzig Jahren sehr an ihren zwei Diamantringen und jetzt will sie sie mir schenken. Was hältst du von Ihrem Motiv?

Adilakshmi: Mutter! Du fragst mich?

MM: Ja.

Adilakshmi: Nun, ich glaube, wenn sie in dieser Weise schenkt, ohne einen Gedanken an ihre äußere Sicherheit, gibt sie sich in Deine Hände. Sie vertraut völlig darauf, dass das Göttliche für sie sorgen wird, da sie weiß, dass das Geborgensein im Göttlichen die einzige wahre Sicherheit ist.

(Adilakshmi:) Die Mutter segnete die Ringe und ließ sie an die Besitzerin zurückgeben. Als ich ihr die Ringe wiedergab, war sie völlig überrascht, dann liefen ihr Tränen der Freude und Dankbarkeit über das Gesicht.

F: Wie fühlst Du die Verantwortung, Mutter Meera zu sein – liegt sie schwer auf Deinen Schultern?

MM: Nein.

F: Siehst Du Dich selbst als Kamala Reddy oder Mutter Meera?

MM: Über so etwas denke ich nie nach.

F: Was ist das jetzt für ein Gefühl für Dich, da Du berühmt bist und Tausende kommen, um Dich zu sehen?

MM: Menschen mögen sich groß und wichtig fühlen, wenn sie berühmt werden; für mich ist da kein Unterschied zu früher.

F: Warum nicht?

MM: Jeder Mensch hat ein Ego. Es ist besser, wenn man seinem Ego oder seinem Namen oder

Ansehen nicht so viel Beachtung schenkt. Versucht zu erkennen, dass Paramatman der Größte ist, dann gibt es kein Ego mehr.

F: Ein berühmter Hollywood-Star kam zum Darshan. Wusstest Du, dass er kam?

MM: Ja.

F: Wenn Du Menschen in Träumen erscheinst, weißt Du das dann?

MM: Nein.

F: Hast Du Dir die Olympischen Spiele angeschaut?

MM: Nein.

F: Passierten irgendwelche besonderen Dinge auf der Welt, als Du geboren wurdest?

MM: Ich weiß nicht. Die um mich waren wissen es vielleicht.

F: Hat irgend jemand von besonderen Vorkommnissen bei Deiner Geburt berichtet?

MM: Ich habe nie gefragt.

F: Warum wurdest Du gerade in dieser Familie in Indien geboren?

MM: Aufgrund ihres (spirituellen) Strebens wurde ich in diese Familie geboren.

F: Sprichst Du mit Engeln, und wenn ja, in welcher Sprache?

MM: Ja. Aber die Seele besitzt keine Sprache.

F: Siehst Du manchmal fern? Wenn ja, was für Filme magst Du?

MM: Komödien.

F: Was für eine Komödie hast du zuletzt gesehen?

MM: Eine mit Terence Hill.

F: Was hältst Du von ihm?

MM: Er ist bescheiden und unkompliziert wie ein Kind.

F: Siehst Du Paramatman immer?

MM: Wenn die Notwendigkeit besteht, ja.

F: Wie kannst Du, wenn Du hier bei uns sitzt, gleichzeitig an vielen anderen Orten sein?

MM: Ihr sitzt doch auch hier und eure Gedanken gehen an viele Orte.

F: Kannst Du die Auren, die äußeren Energiefelder, sehen?

MM: Ja.

F: Wie kann ich erkennen, dass Du die Göttliche Mutter bist?

MM: Wenn du ein Problem hast, bete aufrichtig und bitte um Hilfe.

F: Du bist mir als Mutter Durga erschienen. Mein Freund möchte Dich entsprechend schmücken und fotografieren. Ich bin Künstler.

MM: Man wird nicht dadurch zu einer Göttin, dass man eine Krone trägt, genauso wenig wie du zum Inder wirst, bloß weil du einen Dhoti trägst (indisches Gewand).

F: Wirst Du wieder zur Erde kommen?

MM: Nein.

F: Gab es für Dich das Gefühl irgendeiner schweren Bürde, als Du zur Erde herabkamst?

MM: Es gibt keinerlei Bürde. Und es ist auch nicht notwendig, immer wiederzukommen.

F: Wird Herr Reddy wiederkommen?

MM: Nein.

F: Mutter, ich fühle mich sehr zu Dir hingezogen. Muss ich diese Verhaftung nicht überwinden?

MM: Wenn du dich nicht angezogen fühltest, könntest du nicht in meiner Nähe sein.

F: Wir würden alle Kosten tragen und alles regeln und organisieren, damit Du und einige Deiner Devotees alle Staaten und Länder besuchen könntet. Warum nimmst Du unsere Einladung nicht an?

MM: Im Augenblick möchte ich nicht reisen. Zwei Tage hier, vier dort und sechs am nächsten Ort, das ist wie ein Karnevalsumzug.

F: Ich habe Dich durch meinen Chef kennen gelernt, aber jetzt arbeite ich nicht mehr für ihn. Wirst Du mich deshalb verlassen?

Adilakshmi: Die Göttliche Mutter ist für alle Menschen da. Das Göttliche ist immer bei denen, die ehrlich und liebevoll sind. Wo immer wir uns aufhalten mögen, in welcher Verfassung wir auch sind, die Mutter ist immer bei uns. Du darfst nicht denken, dass die Mutter dich verlässt, wenn du deinen Job aufgibst. Jeder Mensch hat seine ganz eigene Beziehung zum Göttlichen. Durch wen man dem Göttlichen begegnet, ist nicht so wichtig. Jeder einzelne hat eine direkte Verbindung zum

Göttlichen. Die Liebe der Mutter steht über allen menschlichen Beziehungen. Die Mutter ist bei dir, wo immer du bist; daran darfst du nicht zweifeln. Habe Vertrauen zur Mutter, Ihre Hilfe und Ihr Segen bleiben niemals aus. Du kannst Briefe schreiben und wie bisher in Kontakt bleiben.

F: Wie denkst Du über Deine Nachbarn?

MM: Alle Nachbarn sollten gesund, glücklich und frei von Leiden sein.

F: Liebst Du alle Menschen in gleicher Weise?

MM: Ich liebe die ganze Menschheit in gleicher Weise. Wenn Menschen allerdings verschlagen, scheinheilig und unehrlich sind, dann mag ich diese Eigenschaften nicht. Aber ich sage ihnen nicht, dass sie solche Eigenschaften haben. Das Licht weckt in ihnen all die anderen Eigenschaften.

F: Manche Menschen sind gut, manche schlecht. Beurteilst Du sie?

MM: Nein. Gut und schlecht ist relativ.

అమ్మ

DARSHAN

(Adilakshmi:) Herr Reddy sagte oft, dass er verschiedene große Persönlichkeiten und Avadhutas kennen gelernt habe, wie Chinnamma oder Dontulamma, Yogis wie Ramananda und Manikyamma und göttliche Persönlichkeiten wie Sweet Mother und Satya Sai Baba. Er stellte dabei fest, dass sich die Art des Pranam und Darshan bei der Mutter von der anderer völlig unterscheidet. Er befragte auch Sanskritgelehrte und versierte Veda-Pandits, ob diese Art des Pranam und Darshan in den Schriften zu finden sei. Sie sagten ihm, dass sie einen solchen Darshan nirgendwo sonst gefunden hätten.

F: Mutter, bereitest Du Dich in besonderer Weise auf den Darshan vor?

MM: Nein.

F: Was tust Du nach dem Darshan?

MM: Nichts Besonderes.

F: Bist Du nach dem Darshan müde?

MM: Nein.

F: Gibst du gerne Darshan?

MM: Ja.

F: Du gibst jetzt seit fünfundzwanzig Jahren Darshan. Bist Du nicht müde?

MM: Nein.

F: Während des Darshans knien die Menschen vor Dir. Was empfindest Du dabei?

MM: Für mich hat das keine besondere Bedeutung. Die Menschen kommen, weil sie Bedürfnisse haben. Gibt es Hingabe in ihrem Leben, empfange ich diese mit Zärtlichkeit und Liebe.

F: Warum knien die Menschen?

MM: Weil ich sonst ihren Kopf nicht erreichen kann, um ihn zu berühren.

F: Wenn Du beginnst, den Kopf von jemandem zu berühren, was fühlst Du dann?

MM: Derjenige fühlt vielleicht etwas, aber ich fühle nichts.

F: Ist Deine Methode eine neue Art, Darshan zu geben?

MM: Ja.

F: Wer lehrt diese Methode?

MM: Niemand. Dies ist meine Art.

F: Was siehst Du in den Augen der Menschen?

MM: Ich sehe vielerlei und helfe ihnen, ihre Probleme zu lösen.

F: Wenn Du das Problem von jemandem kennst, warum sprichst du mit demjenigen nicht darüber?

MM: Ich möchte Menschen weder loben noch möchte ich sie verletzen, indem ich ihnen sage, dass sie dieses oder jenes Problem haben. Wenn sie ein Problem haben, helfe ich ihnen schweigend. Das ist die Art, wie ich vorgehe.

F: Stimmt es, dass man in der Stille mehr empfangen kann?

MM: Ja. Wenn du still bist, hast du weniger Gedanken und kannst dein Problem klarer sehen, wo es liegt, wie es es gelagert ist, wie du damit fertig wirst oder auch, wer wirklich dafür verantwortlich ist, wie weit du selbst darin verwickelt bist, usw. Mit ruhigem Gemüt findest du die Lösung deines Problems. Aber auch im Gebet wird dir die Antwort auf dein Problem klar.

F: Mit welcher Einstellung sollte man am besten zum Darshan kommen?

MM: Frei und ungezwungen und mit offenem Gemüt. Man sollte der Mutter aber keine einschränkenden Vorstellungen aufdrängen. Zum

Beispiel fragen sich die Leute, ob Sie verheiratet sei, ob Sie krank sei, ob Sie Kinder habe. Von solchen Vorstellungen sollte man frei sein.

F: Manche sind mit einem Darshan zufrieden, andere können nie genug bekommen. Warum?

MM: Manche können nie genug bekommen, weil sie innerlich ruhelos sind und keine Geduld haben. Es liegt in ihrer Natur, dass sie nie in sich selbst zur Ruhe kommen.

F: Wenn Du unseren Kopf berührst, siehst Du die weißen und roten Linien. Sind sie innerhalb des Körpers oder außerhalb?

MM: Innerhalb.

F: Wann beendest Du den Darshan?

MM: Es hängt von mir ab.

F: Sind die Erfahrungen während des Darshans von Mensch zu Mensch verschieden?

MM: Ja.

F: Hat ein und derselbe Mensch immer dieselbe Erfahrung beim Darshan?

MM: Nein, sie wechselt.

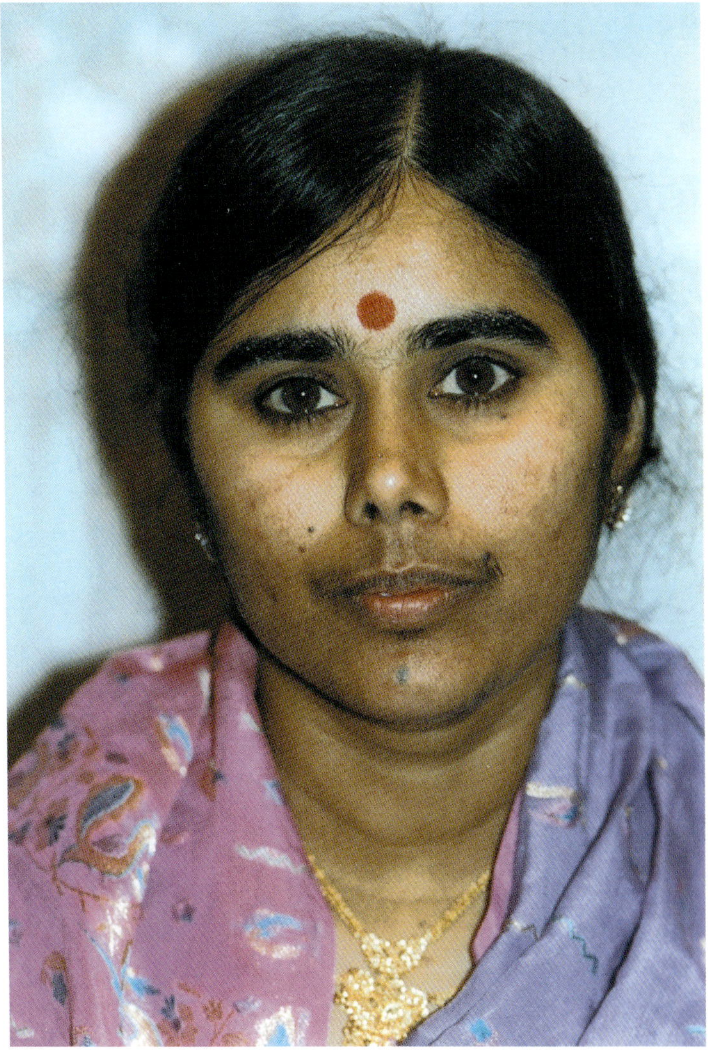

Thalheim, Deutschland 1995

F: Wenn Du unseren Kopf berührst – manche sagen, es sei wissenschaftlich betrachtet gar nicht möglich, eine solche Energie in so kurzer Zeit zu übermitteln.

MM: Wenn ihr die Puranas, die Veden oder andere Schriften lest, findet ihr dort Beispiele, dass man im Bruchteil einer Sekunde Gott verwirklichen kann. Die Wissenschaft wird immer besser verstehen, was Energie ist, wenn sich das Bewusstsein der Wissenschaftler erweitert. Besonders wird, wenn ein Wissenschaftler das Licht aufnimmt, sein eigenes Verständnis von Energie wachsen.

F: Welche Einstellung soll ich zu der Energie haben, die ich von Dir empfange?

MM: Die Energie bzw. das Licht, das du beim Darshan empfängst, wirkt auf ihre eigene Weise. Sie wirkt für sich allein, du hast nichts beizutragen. Es gibt keine Gesetze, Regeln oder Vorschriften zu beachten. Trotzdem kannst du beten und Japa machen und um die rechte Einstellung bitten. Die richtige Einstellung öffnet Dein Herz und Deinen Verstand, so dass wahre Einsicht wächst und sich echte Gefühle entwickeln.

F: Ich komme von sehr weit her, aus Australien. Ich würde gern Dein Lächeln sehen und Deine Stimme hören.

MM: Ich gebe Darshan in der Stille. Wenn du kommen möchtest, um in der Stille den Darshan zu empfangen, ist das in Ordnung. Aber umarmen, meine Stimme hören, mein Lächeln sehen – das ist nicht meine Art. Bitte verlangt nicht immer wieder Dinge, die nicht meiner Art entsprechen.

F: Ich komme seit vielen Jahren zum Darshan. Zuerst begegnete ich der Mutter mit einem zwar offenen, aber sehr intellektuellen, analytischen Verstand. Nun fühle ich eine überwältigende Liebe, wie ich sie nie zuvor in meinem Leben empfunden habe. Selbst auf der körperlichen Ebene, glaube ich, ist die Mutter nicht menschlich, sondern göttlich. Während des Darshans ist Sie auf jeden Einzelnen voll konzentriert. Sie gibt zwei bis drei Stunden lang an vier Tagen der Woche Darshan, und das Jahr für Jahr. Gemäß meiner Erfahrung sind Menschen zu einer solch konstanten Konzentration nicht fähig. Ist es nicht so?

Adilakshmi: Das ist wahr. Ihre Geduld und Ihre Konzentration gleichen einem majestätischen Berg.

F: Die Mutter erscheint furchtlos und stark während des Darshans.

Adilakshmi: Sie ist furchtlos, stark und anmutig zugleich. Fast zweihundert Augenpaare sind beim

Darshan auf sie gerichtet, aber sie ist immer unbewegt und still, stets dieselbe.

F: Wenn wir beim Darshan das Licht der Mutter empfangen, sehen wir manchmal in uns selbst nur umso mehr Dunkelheit. Es ist erschreckend, so deutlich diese Falschheit in sich zu sehen. Was sollen wir tun?

MM: Bleibe ruhig und bringe sie dem Göttlichen dar.

F: Aus allen Teilen der Welt kommen Menschen zu Deinem Darshan, Du aber bist, seit Du nach Europa kamst, die meiste Zeit in einem kleinen Dorf in einem stillen Winkel von Deutschland geblieben. Was hat Dich dazu bewogen, hier zu bleiben, während so viele andere, die spirituelle Hilfe anbieten, öffentlich um die Welt touren?

MM: Um den Menschen zu helfen, ist es für mich nicht notwendig zu reisen. Es spielt keine Rolle, wo jemand lebt; wenn er meine Hilfe braucht und darum ehrlich und von ganzem Herzen bittet, bekommt er sie, auch wenn ich nicht physisch in seiner Nähe bin.

F: Kannst Du uns kurz erklären, was der Darshan beinhaltet und warum er denen hilft, die zu Dir kommen?

MM: Die Menschen kommen zum Darshan, um ihre eigenen Erfahrungen zu machen.

(Adilakshmi:) Ein Junge aus Amerika kam zum ersten Mal zum Darshan. Danach fragte ich ihn: „Na, wie ist der Darshan?“ Seine Antwort war poetisch: „Mutters Augen sind Kristalle, die die Seele reinigen.“ Dieser Ausdruck der Wahrheit berührte mich zutiefst und gab mir ein wunderbares Gefühl. Es ist eine so schlichte Antwort. Der Kleine liebt die Mutter so sehr. Er sagte, er wolle ein Schloss bauen, in dem es einen großen Saal nur für Ihren Darshan geben solle. Seine Liebe zu Ihr machte mich glücklich. Er ist eine große Seele. Kinder sind für das Göttliche offener, sie können die göttliche Gegenwart leichter spüren. Ich erzählte der Mutter die schöne Erfahrung des Kindes. Sie hörte still zu und nickte.

Ein anderes Mal fragte ich eine Dame nach ihrer Erfahrung, die zum ersten Mal zum Darshan gekommen war, nachdem auch ihre Mutter schon da gewesen war. Sie sagte, es sei ein Wunder gewesen, dass ihre Mutter, eine konservative Katholikin, eine so tiefe Erfahrung mit der Mutter gemacht habe. Deshalb hatte sie sich entschlossen selbst zu kommen und die Mutter mit eigenen Augen zu sehen. Sie sagte: „Für uns beide war der Darshan eine überaus starke Erfahrung. Auch meine Mutter erlebt nun die Gnade der Göttlichen Mutter sehr deutlich in ihrem Leben. Ich kann gar nicht sagen, wie dankbar ich dafür bin. Meine Mutter und ich kamen früher nämlich nicht gut miteinander aus. Aber jetzt ist das völlig anders. Für mich hat eine Periode tiefen Friedens und Glücks, einer tiefen Verbundenheit mit dem Göttlichen begonnen. Davor war mein Leben immer ziemlich aufregend und dramatisch verlaufen. Jetzt sind tiefer Frieden und die innere Verbindung ziemlich beständig im Hintergrund meiner Aktivitäten. Durch diese Erfahrungen lernte ich die Mutter wirklich zu lieben und Ihr zu vertrauen. Am besten kann ich den Darshan so beschreiben: Es ist als ob ich ein Stück Sonne geschluckt hätte, und jeder Teil meines Seins, jede Zelle, badete jetzt in ihrem warmen, strahlenden Licht."

అమ్మ

DAS GÖTTLICHE UND DER MENSCH

F: Du hast gesagt: „Wenn ihr wisst, dass ihr göttlich seid, dann könnt ihr auch ganz menschlich werden." Wie meinst Du das?

MM: Das Göttliche kann auf die menschliche Ebene herabkommen, und der Mensch kann dann seine Beziehung zum Göttlichen völlig verstehen.

F: Wird das Göttliche die ganze Menschheit vernichten?

MM: Nein. Das Göttliche vernichtet nicht, nur Menschen vernichten.

F: Ich habe in den Schriften gelesen, dass Geburt und Tod mit der Zustimmung der Adiparashakti stattfinden. Stimmt das?

MM: Ja.

F: Nach der Advaita-Philosophie ist die Welt nur Schein. Ist das so?

MM: Die Welt ist darum wirklich für uns, weil wir sie berühren, fühlen, sehen und in ihr leben. Man könnte sagen, Gott sei Schein, wenn man keine Verbindung zu Ihm hat. Wenn ihr dagegen in Verbindung zu Ihm steht, mögt ihr zu der

Erkenntnis kommen, dass Gott es ist, der wirklich ist, und nicht die Welt.

F: Wie finden wir heutzutage am besten den Sinn unseres Lebens?

MM: Heute wie zu allen Zeiten ist es die Aufgabe des Menschen, sich des Göttlichen zu erinnern.

F: Wenn Menschen wissen wollen, wozu sie auf der Welt sind, aber Mutter Meera nicht kennen, hilft Deine Energie ihnen dann, den Sinn ihres Lebens zu finden?

MM: Es ist nicht nötig, dass sie mich kennen. Wenn Menschen ehrlich und ihrem Glauben treu sind – ganz gleich, welchen Weg sie gehen, welche Religion oder Technik sie ausüben – dann helfe ich ihnen, dass sie ihren Lebenszweck erkennen, und stärke außerdem ihren Glauben.

F: Warum sollte Gott von uns verlangen, dass wir Ihn lieben?

MM: Gott kommt nie und verlangt, dass wir Ihn lieben. Die Menschen selbst sind es, die Tempel und Formen der Anbetung erschaffen, weil sie Gottes Liebe erfahren möchten. Avatare kommen aufgrund der Liebe Gottes zur Erde, und durch Sie erfahren die Menschen die Größe der Liebe.

F: Ist es möglich, dass ein Mensch das Licht ständig aufnimmt?

MM: Nein.

F: Warum nicht?

MM: Der Mensch hat ein physisches, ein geistiges und ein spirituelles Leben. Es ist für einen Menschen im allgemeinen unmöglich, ausschließlich im Spirituellen zu sein. Bei manchen überwiegt das physische Leben, bei anderen das geistige oder das spirituelle. Man kann sich nur manchmal dem Licht öffnen.

F: Stimmt es, dass jeder Licht in sich trägt?

MM: Wenn jeder von Licht erfüllt ist, gibt es kein Leid mehr.

F: Weiß Mutter Meera, wer ich bin?

MM: Es ist nicht nötig zu wissen, wer du bist. Besser ist es für dich zu wissen, wer Ich bin.

F: Manchmal glaube ich, dass das Göttliche selbstsüchtig ist. Stimmt das?

MM: Nein, das Göttliche ist selbstlos. Du kommst zum Göttlichen, du empfängst Frieden und Glück und bist zufrieden. Du selbst gibst dem Göttlichen überhaupt nichts. Nachdem du Befriedigung gefunden hast, gehst du fort. Ein paar Jahre später, wenn sich deine Wünsche nicht erfüllt haben, gibst du dem Göttlichen die Schuld. Am Ende hast du dem Göttlichen nur Selbstsucht gegeben. Sogar wenn du dich vor Ihm verneigst, tust du es, weil du etwas von Ihm erwartest, also aus einem egoistischen Motiv, nicht aus Selbstlosigkeit.

F: Stimmt es, dass wir Paramatman verletzen, wenn wir Menschen verletzen?

MM: Nein, das stimmt nicht.

F: Die Menschen preisen Premamayi (Ozean der Liebe), Karunamayi (Inbegriff des Mitgefühls), die Göttliche Mutter oder andere, wenn ihnen etwas Gutes geschieht, aber sobald auch nur ein kleiner Wunsch nicht erfüllt wird, sind es dieselben, die der Mutter die Schuld geben. Warum ist das so?

MM: Weil sie unwissend sind und auch weil ihre Ergebenheit und ihr Glaube nicht tief genug sind.

F: Meine Lebenszeit ist kostbar. Soll ich sie mit der Suche nach Gott zubringen?

MM: Deine Zeit ist nicht kostbar. Die göttliche Zeit ist kostbar.

F: Ich habe viele Stunden mit Arbeit für das Göttliche verbracht.

MM: Wenn du für das Göttliche arbeitest, zähl nicht die Stunden.

F: In Deiner Gegenwart fühle ich mich friedvoll und glücklich. Ist diese Erfahrung echt oder unecht?

MM: Über die Echtheit oder Unechtheit deiner Erfahrung will ich nicht entscheiden. Wenn du etwas gegen deinen Guru oder Avatar oder Meister hörst und du wirst dadurch nicht wankend, dann ist deine Erfahrung echt.

F: Was ist der Unterschied zwischen Mensch und Gott?

MM: Das Gesetz will es, dass der Mensch sich wandeln muss, um sich mit dem Göttlichen vereinigen zu können.

F: Ich empfinde Schuld und fühle mich elend. Was soll ich tun?

MM: Bringe dein Schuldgefühl Gott bzw. dem Göttlichen dar. Du kannst deinem eigenen Weg folgen. Ich helfe dir.

F: Offenbar gibt es bei vielen Menschen dieses Verhaltensmuster, dass sie zuerst an das Göttliche glauben und es preisen, sich später aber dann sogar mit

Anschuldigungen gegen das Göttliche wenden. Wie kommt es, dass Menschen so wankelmütig sind?

MM: Nun, du gehst zum Beispiel einkaufen, suchst nach einem bestimmten Kleid, findest eines, das dir gefällt, und kaufst es. Dann trägst du es jeden Tag. Nach einiger Zeit wirfst du es weg, weil es alt ist. Genauso kommst du zum Göttlichen. Du suchst Es hier und dort, bis du Es findest. Dann bist du froh und zufrieden und preist Es. Du bleibst dem Göttlichen treu und preist Es Tag für Tag, solange du zufrieden bist. Doch später, wenn kleine Wünsche des Egos nicht erfüllt werden, beschuldigt dein Ego das Göttliche. Gerade so wie du das Kleid wegwirfst, weist du das Göttliche von dir. Du hast Geld bezahlt, um das Kleid zu bekommen, das dir gefiel, trotzdem rangierst du es aus. Und in ähnlicher Weise versuchen die meisten, das Göttliche nur zu benutzen, um Es dann später von sich zu stoßen.

Aber das Göttliche ist immer dasselbe, ewig und voll. Es ist wie ein Meer – grenzenlos. Viele Dürstende kommen herbei. Sie trinken entsprechend ihrem Durst und löschen ihn. Trotzdem bleibt das Meer immer voll und wird nie leer. Der Mensch vergisst Gott völlig, nachdem er seinen Durst gelöscht hat. Statt dankbar zu sein, ist er undankbar. So ist die Natur des Menschen. An diesem Punkt muss er sich ändern.

F: Wie reagierst Du, wenn jemand negativ über das Göttliche schreibt? Verletzt es Dich?

MM: Der Rang des Göttlichen ändert sich nicht. Wenn über einen berühmten Mann in der Öffentlichkeit etwas Schlechtes bekannt wird, schadet das seinem Ansehen. Aber der Rang des Göttlichen bleibt ewig derselbe. Wenn jemand etwas Schlechtes über das Göttliche schreibt, beeinflusst das nur den Schreibenden selbst, einen Freund oder Verwandte von ihm oder diejenigen, die seine Ansichten teilen, aber nicht die Allgemeinheit. Wenn du in deinem Glauben nicht gefestigt bist, beeinflusst es dich und Zweifel werden dich beherrschen.

అమ్మ

ERLEUCHTUNG UND VERWIRKLICHUNG

F: Bist Du erleuchtet?

MM: Erleuchtung ist nur für Menschen. Avatare bringen den Menschen die Erleuchtung. Avatare werden erleuchtet geboren.

F: Kann ein ehrlicher Jünger, der Gott sein Leben weiht, die Erlösung erwarten? Kann man den Ablauf der Inkarnationen beschleunigen?

MM: Du kannst dein Leben weihen und aufrichtig sein, aber erwarte nicht die Erlösung. Sie braucht immer ihre eigene Zeit.

F: Ein Freund von mir, der Krebs hat, ist nach Benares gefahren, um dort zu sterben. Stimmt es, dass man Befreiung erlangt, wenn man dort stirbt?

MM: Das hängt davon ab, wie ehrlich man sich sehnt, und von Gottes Gnade.

F: Was ist Erleuchtung?

MM: Sie lässt sich nicht mit Worten beschreiben. Man kann sie nur erfahren. Die Vereinigung mit dem Göttlichen oder mit Paramatman ist eine Erfahrung.

F: Ist Erleuchtung jedem möglich?

MM: Ja.

F: Was sind die wesentlichen Eigenschaften, die zur Erleuchtung notwendig sind.?

MM: Zunächst einmal mache deinen Job, deine Arbeit oder deinen Beruf auf vollkommene Art. Sei stark im Wollen, im sehnenden Streben und in der Hingabe.

F: Warum brauchen wir Erleuchtung?

MM: Wir brauchen Erleuchtung, um von unseren täglichen Problemen frei zu werden, um uns vom Leid zur Seligkeit zu erheben, von der Unwissenheit zur Weisheit, von der Dunkelheit zum Licht, von Sterblichkeit zur Unsterblichkeit.

F: Im alten Indien haben Heilige Jivanmukti erfahren. Mutter, könntest Du mir auf der mentalen Ebene diese Erfahrung schenken, wenn auch nur für den Bruchteil einer Sekunde?

MM: Diese Erfahrung findet nicht im Mentalen statt, es ist die Erfahrung der Vereinigung der Seele mit dem Göttlichen.

F: Glaubst Du, dass X, der noch lebt, verwirklicht ist?

MM: Verwirklichung gibt es nur nach dem Tod.

F: Was ist mit Menschen wie Ramana Maharshi, der den Tod erfuhr und wiedergeboren wurde?

MM: Es gibt so viele Tode auf dem Weg, den Tod des Egos usw..

F: Mutter! Selbst wenn Du sagst, dass ich die Verwirklichung in diesem Leben nicht erfahren kann, ich werde sie trotzdem immer ersehnen.

MM: Wenn du aufrichtig bist und dich dem Göttlichen völlig überantwortest, ist sie möglich.

F: Ich bin Familienvater. Meine Familie ist intakt, glücklich und harmonisch. Ich möchte Gott verwirklichen.

MM: Die Menschen legen zu viel Gewicht auf die Verwirklichung. Wie ich es sehe, braucht es viele Leben. Stattdessen wäre es besser, das Göttliche zu lieben und sich stets des Göttlichen zu erinnern.

F: Wann wird die Welt erleuchtet sein?

MM: Wenn zwischen Reich und Arm kein Unterschied ist, wenn es keine Kasten gibt, keine verschiedenen Religionen, keine Unterschiede wegen der Hautfarbe und der Nationalitäten, keine

Zwistigkeiten unter den Menschen – dann wird Erleuchtung herrschen.

F: Kann ich erleuchtet werden?

MM: Solange Neid, Zorn, Egoismus in uns sind, ist es nicht möglich.

F: Kann man Verwirklichung erlangen, indem man Geld spendet und täglich mehrere Stunden in Meditation verbringt?

MM: Yogis sollten nicht um der Verwirklichung willen, sondern um des Darshans von Paramatman willen meditieren.

F: Es gibt heute Lehrer im Westen, die behaupten, dass Verwirklichung bzw. Erleuchtung nicht fern von uns sei, sondern im Nu, sofort erreicht werden könne. Stimmt das?

MM: Nein.

F: Osho sagt, für die Verwirklichung könne man selbst nichts tun.

MM: Sie hängt von Gottes Gnade ab, aber auch von deinem ehrlichen Streben und Sehnen.

F: Mutter, ist es möglich, erleuchtet zu werden, ohne sich aus dem aktiven Leben zurückzuziehen? Oder sollte man in eine Höhle gehen?

MM: Heutzutage gehen nicht einmal Gurus mehr in Höhlen.

అమ్మ

GURUS

F: Ist es möglich, eine Lehrer-Schüler-Beziehung mit einem lebenden Guru zu haben, auch wenn dieser und der Schüler nicht beieinander leben?

MM: Es ist nicht möglich, wenn der Guru und der Schüler an verschiedenen Orten leben. Wenn ein Schüler immer bei seinem Guru lebt, ihm dient und ihm völlig ergeben ist, so dass er kein privates Leben mehr hat, dann ist diese Art von traditioneller Beziehung noch möglich. In unserer Zeit ist eine solche Beziehung aber nicht mehr notwendig, um Gott zu erreichen. Sie ist hilfreich, und doch sind es sehnendes Streben, Aufrichtigkeit und Liebe, die euch zu Gott führen werden.

F: Ich bin Sufi und habe keinen lebenden Meister. Ich hätte aber gerne einen.

MM: Wenn du festes Vertrauen in deinen Glauben setzt, brauchst du keinen lebenden Guru.

F: Viele Gurus sagen, sie seien erleuchtet.

MM: Wenn sie erleuchtet wären, dann wäre es für sie nicht nötig, in der Welt zu leben.

F: Mein Guru sagte mir, ich dürfte nur seinem Weg folgen und nicht zu Dir gehen.

MM: Es gibt nur einen Gott. Du wirst bei deinem Guru bleiben, bis dein Schicksal oder dein Karma dich weggehen läßt. Wenn die Zeit vorbei ist, kannst du nicht mehr bei ihm bleiben, selbst wenn er sagt, du dürftest nur an ihn glauben und an niemand anderen. Wenn dein Herz dir ehrlich sagt, bei ihm zu bleiben, wirst du bleiben.

F: Wie kann man wissen, ob jemand ein echter Guru ist? Einmal wurde jemand zum Beispiel als Guru verehrt, der später ins Gefängnis kam. Ist er ein Scharlatan?

MM: Alleine deshalb, weil er ins Gefängnis kam, ist jemand noch kein Scharlatan. Ins Gefängnis zu müssen ist nicht unbedingt ein Kriterium dafür, ob jemand gut oder schlecht ist. Auch Sri Aurobindo musste ins Gefängnis.

F: Kannst Du etwas zu Ammachi oder Gurumayi sagen?

Adilakshmi: Die Mutter äußert sich im allgemeinen nicht in dieser Weise.

F: Wie kann man Gurus und Avatare voneinander unterscheiden?

MM: Entsprechend deiner eigenen Erfahrung kannst du sie unterscheiden.

F: Warum mag ein Guru vorschreiben, dass seine Schüler nur an ihn und nicht an andere Gurus glauben und im Ashram bleiben und nicht zu anderen Gurus und Avataren gehen sollen?

MM: Die Menschen ändern oft ihre Meinung. Manche haben zum Beispiel in ihrer Jugend an Jesus oder Maria geglaubt, dann gingen sie in die TM-Bewegung, danach glaubten sie an Sai Baba. Jetzt glauben sie an mich, und morgen werden sie wieder an etwas anderes glauben. Weil sie von einem Guru zum anderen wechseln, gibt der Guru die Anweisung, besser da zu bleiben, wo sie sind, statt zu anderen zu gehen.

F: Aber Du nimmst doch jeden an und gibst uns die Möglichkeit, verschiedene Gurus, Gemeinschaften und Religionen kennen zu lernen.

MM: Ich bin auch kein Guru.

F: Ist es möglich, dass der Guru das Karma und die Krankheiten der Schüler wegnimmt? Kann er dann ihre Krankheiten selbst bekommen?

MM: Wenn die Schüler ihnen nicht völlig ergeben sind, bekommen die Gurus nicht deren Krankheiten. Wenn ein Schüler sich allerdings vollständig und rückhaltlos in die Hände seines Gurus gibt, übernimmt der Guru die ganze Verantwortung für ihn. Wenn ein hilfloses Kind völlig auf seine Mutter angewiesen ist, übernimmt auch diese die volle Verantwortung, seine Bedürfnisse zu erfüllen.

F: Ich möchte einen Avatar und auch einige verwirklichte Gurus aufsuchen, bin aber sehr eingespannt. Ist es gut, das zu tun?

MM: Wenn du das Göttliche mit Hingabe und reinem Herzen, also aus einem selbstlosen Motiv heraus, aufsuchen möchtest, dann wirst du etwas empfangen. Gehst du aber aus einem eigennützigen Motiv heraus hin, kannst du nichts empfangen.

F: Seit 20 Jahren bin ich Devotee eines bekannten Meisters. Ich fühle jetzt, dass ich meine Hingabe einem anderen Guru geben möchte. Was soll ich tun?

MM: Heutzutage kann man seinen Guru wechseln. Ich sehe darin kein Problem.

అమ్మ

JAPA UND MEDITATION

F: In der Vergangenheit habe ich Licht und Seligkeit erfahren, aber jetzt fühle ich mich leer. Soll ich länger meditieren?

MM: Nicht längeres Üben, sondern aufrichtiges inneres Sehnen und Streben sind wesentlich.

F: Was ist Japa?

MM: Japa ist einer der Wege, an Gott zu denken.

F: Braucht man zum Japa ein Mantra?

MM: Nein. Anstelle eines Mantras kannst du ein Wort oder die zwei Buchstaben „Ma" oder auch „Amma" wiederholen; das genügt. Wenn man ein Mantra nicht richtig ausspricht, werden die Ergebnisse schlecht sein. Deshalb ist es besser, mit einfachen Worten, die spontan aus dem Herzen kommen, Japa zu machen.

F: Kann jemand, der eine lange Zeit bequem ohne sich zu bewegen sitzen kann, allein durch die Stille das supramentale Licht aufnehmen?

MM: Nein.

F: Ist es gut, über Dich zu sprechen?

Adilakshmi: Ja. Wenn wir über die Mutter sprechen, breiten sich die Schwingungen der Mutter aus. Wenn wir voll Liebe über Sie sprechen, erzeugt schon diese Liebe eine wunderbare, sanfte und angenehme Atmosphäre; und diese Veränderung in der Atmosphäre von Schwere zu Leichtigkeit spüren die Menschen. Es ist auch eine Art von Japa, sich des Göttlichen zu erinnern. Es ist eine günstige Gelegenheit, für den Sprechenden wie für den Zuhörer.

F: Ich sitze und meditiere viele Stunden, um Licht zu bekommen. Wann werde ich es bekommen?

MM: Es ist nicht nötig, viele Stunden in der Meditation zu verbringen, um Licht zu bekommen. Das Licht kommt auf seine eigene Weise. Man soll auf seinem eigenen Weg regelmäßig üben, doch ohne sich um das Ergebnis zu sorgen. Das Licht stellt sich natürlich ein wie das Aufblühen einer Blume.

F: Was kann ich meinen Verwandten von Japa erzählen? Sie kennen vielleicht überhaupt keine Namen Gottes wie die indischen Mantras.

MM: Sie können einfach „Gott" oder „Lieber Gott, ich danke für Deine Hilfe" wiederholen.

F. Was kann ich Menschen sagen, die sich nicht für Meditation interessieren und noch überhaupt nichts von spirituellen Dingen wissen?

MM: Sag ihnen, sie sollen Japa machen. Du kannst von deinen eigenen Erfahrungen erzählen. Wenn sie wollen, können sie auch zu meinem Darshan kommen.

F: Mutter, ich habe das Gefühl, nach neun Jahren Meditation sehne ich mich nach irgend etwas mehr. Weil ich diese starke Sehnsucht habe, ist die Meditation auch nicht mehr das, was sie einmal war. Muss ich in meiner Meditationspraxis so starr sein?

MM: Wenn du nicht meditieren möchtest, ist es besser, Japa zu machen und zu Gott bzw. zum Göttlichen zu beten. Fühlen ist wichtiger als eine starre Praxis. Innere Beweglichkeit ist immer hilfreich, um weiter zu wachsen.

F: Ich habe zwei Kinder im Alter von zehn und zwölf. Sollten sie eine Meditationstechnik lernen?

MM: Für Kinder ist meditieren nicht notwendig.

F: Ich bin immer in Eile, Dinge zu erledigen, und ich meditiere nicht gern. Dann denke ich, es liegt am Stress, und so reite ich mit meinem Pferd aus. Dabei entspanne ich mich. Das ist meine Art zu meditieren.

MM: Wenn du einen Ausritt machst, ist das ein Vergnügen, das nur diesen Augenblick dauert. Bei der Meditation ist das anders, du hast Freude während und nach der Meditation.

F: Gibt es einen Konflikt zwischen TM und der Mutter?

MM: Es gibt für mich mit keiner Technik, Gruppe oder Religion irgendwelche Konflikte, doch solltest du in deinem eigenen Glauben aufrichtig sein.

F: Ich habe das supramentale Licht erfahren und unbeabsichtigt Übergewicht verloren und mein Körper ist transformiert worden. Hat das supramentale Licht diese Veränderungen bewirkt?

MM: Wenn du keine zehn Minuten still sitzen kannst, dabei herumschaust, Arme und Beine bewegst und deine Gedanken irgendwo umherschweifen – wie kann sich da dein Körper dem supramentalen Licht öffnen? Das ist nicht möglich.

F: Was soll ich tun, um in eine höhere Wirklichkeit zu gelangen? Soll ich weniger essen, mehr meditieren, mehr Andacht pflegen oder mehr Japa machen?

MM: Es ist nicht gut, eines mehr oder das andere weniger zu tun. In allem Tun sollte es Ausgewogenheit geben.

F: Ich mache im täglichen Leben viele Fehler. Wie kann ich sie vermeiden?

MM: Bevor du mit irgendeiner Handlung beginnst, bete aufrichtig zu Gott und widme Gott deine Arbeit.

F: Du hast einmal gesagt, die Menschen seien alle eins, aber sie hätten unterschiedliche Eigenschaften. Könntest Du uns diese erklären?

MM: Ja, die Menschen haben unterschiedliche Eigenschaften. Manche sind emotional und neigen zu Gefühlsausbrüchen. Nachdem sie sich Luft gemacht haben, bitten sie um Verzeihung und kommen so zu einem Kompromiss zwischen sich und den anderen.

Andere sind egoistisch und haben selbstsüchtige Motive. Sie glauben nur an Gott, wenn es ihnen etwas bringt. Wenn sie keinen Nutzen davon haben, wenden sie sich gegen Gott. Selbst wenn sie glauben, glauben sie aus einem egoistischen Motiv.

Manche bleiben nur auf dem spirituellen Weg, solange sie Glauben haben; sobald er schwindet, verlassen sie ihn.

Manche bleiben auf dem Weg, ganz gleich ob es ihnen etwas bringt oder nicht. Sie konzentrieren sich auf ihr Ziel, Gott, und halten daran fest. Selbst wenn Schwierigkeiten auftreten, behalten sie wegen dieser Ausrichtung ihren Glauben.

Manche wollen nur über weltliche Dinge etwas wissen.

Dann gibt es Leute, die immer darauf warten, irgendwo einen Fehler zu finden, und wenn sie einen entdecken, erzeugen sie Konflikte. Es gibt aber auch solche, die Mitgefühl zeigen, selbst wenn sie Fehler finden.

F: Mein Ziel ist, in der Filmbranche eine Veränderung zu höheren als den heute vorherrschenden Werten zu bewirken, weil das der menschlichen Natur helfen könnte, sich zu verändern, wenigstens eine Zeitlang.

MM: Heutzutage haben die Medien großen Einfluss auf die Menschen. Wenn man Zeit hat, sieht man fern oder geht ins Kino. Wenn die Filme gut sind, bauen sie die Menschen auf. Filme mit viel Gewalt haben eine schlechte, negative Wirkung. So ist es besser, höhere Werte einzubringen.

Manchmal, wenn sich die Leute gute Filme anschauen, kann man die unmittelbare Wirkung nicht sehen. Aber wenn sie in Schwierigkeiten geraten, in Leid oder Depressionen, kommt ihnen plötzlich ein solcher Film in den Sinn und hilft ihnen, an Gott zu denken. Sich an höheren Werten zu orientieren ist eine gute und richtige Haltung.

Solche Filme bringen zwar kein Geld ein, aber sie haben einen nachhaltigen Einfluss auf die Menschen. Gewaltfilme dagegen bringen Geld, aber sie zerstören menschliche Werte.

F: Ganz kindlich bitte ich Dich: gib mir die Kraft, meinen tiefsten Wunsch zu erfüllen, wertvolle Filme zu machen.

MM: Wenn du mit der Arbeit beginnst, bete zum Göttlichen, dass du Kraft bekommst. Und wenn du deine Arbeit beendest, bringe sie wiederum dem Göttlichen dar. Ich werde dir helfen.

F: Ich habe das Gefühl, ich muss noch Hindernisse überwinden, um diesem Ideal genügen zu können.

MM: Dann bete aus ganzem Herzen zu Gott, dass Er alle diese Hindernisse wegnimmt.

F: Mutter, rate du mir doch bitte, zu wem ich beten kann, um die Hindernisse zu überwinden.

MM: Bete zu dem Gott, den du verehrst, und bitte Ihn, Er möge die Hindernisse beseitigen.

F: Kann jemand um seiner selbst willen oder wegen seiner Stellung in der Gesellschaft etwas Besonderes sein?

MM: Der Mensch als solcher ist nichts Besonderes. Jemand ist vielleicht wichtig wegen seiner gesellschaftlichen Position. Manche werden mit besonderen Fähigkeiten, andere in eine Stellung und andere mit einer Berufung geboren. Manche kommen in einem abgelegenen Ort auf die Welt und erwerben sich dort einen Namen und einen Ruf. Andere, ebenfalls in einem abgelegenen Ort geboren, kommen ganz woanders zu Ehre und Ansehen. Wieder andere werden in bekannte Familien geboren und erlangen dadurch Berühmtheit. Aber keine dieser Stellungen in der Gesellschaft, Ruhm oder Ansehen sind wichtig. Wichtig ist die Hingabe an Gott.

అమ్మ

DAS SPIRITUELLE LEBEN

F: Wie führe ich in dieser Welt ein spirituelles Leben?

MM: Erinnere dich an Gott. Sorge für deine Familie und mache deine Arbeit. Versuche, alles mit ganzem Herzen zu tun, und die göttliche Gnade wird ganz von selbst auf Dich herabströmen.

F: Gibt es einen Unterschied zwischen der Seele und dem Geist?

MM: Ja. Der Geist ist Teil der Seele (Paramatman).

F: Was ist die Seele?

MM: Die Seele existiert in jedem Lebewesen, wo immer es Geburt, Wachstum und Tod gibt. Jeder Mensch hat zum Beispiel eine Seele. Im Menschen hat die Seele die Eigenschaften von Wahrheit, Frieden, Gerechtigkeit, Hingabe, Opferbereitschaft, Gewaltlosigkeit, Recht, Pflicht, Mitgefühl, Geduld, Weisheit usw. Die Seele hat ihre eigenen Regeln und Prinzipien. Sie lenkt uns, frei zu sein von Zorn, Falschheit, Lust, Gier und Gewalttätigkeit. Wenn wir auf sie hören, haben wir ein glückliches und harmonisches Leben. Dann gibt es kein Leid mehr.

F: Sollte man anderen vergeben?

MM: Die Bereitschaft zu vergeben ist ein Zeichen spirituellen Fortschritts. Wenn du anderen vergibst, vergibt Gott dir.

F: Was ist mit Freundlichkeit?

MM: Freundlichkeit ist eines der Merkmale von Bhakti (Hingabe).

F: Zorn ist mein größter Schwachpunkt. Könntest Du mir bitte helfen?

MM: Ego, Starrheit und Zorn sind große Feinde. Ziehe dich von diesen zurück und du erfährst Ananda (Glückseligkeit).

F: Ich möchte der Mutter Geld geben, habe aber eine Familie zu versorgen.

MM: Zuerst sorge für deine Familie, dann für das Göttliche.

F: Draußen in der Welt verliere ich all' meine Energien. Dann komme ich zum Darshan und werde wieder aufgefüllt. Einige Zeit nach meiner Rückkehr bin ich wieder leer.

MM: Manchmal muss man sich selbst opfern. Wenn man eine starke Sehnsucht hat, wird man wieder aufgefüllt.

F: Ist aufgeben und sich hingeben dasselbe?

MM: Wenn man etwas aufgibt, erwartet man gewöhnlich etwas dafür; wenn man sich hingibt, geschieht das ohne jede Erwartung.

F: Es ist sehr schwer, sich völlig hinzugeben.

MM: Versuche es in kleinen Schritten.

F: Ich habe eine leidvolle Kindheit gehabt, meine Eltern behandelten mich sehr schlecht. Was kann ich in dieser Situation tun?

MM: Deine Eltern haben dir das Leben geschenkt. Entsprechend ihrem Maß an Einsicht haben sie dich gelehrt und aufgezogen. Statt mit ihnen zu kämpfen und zu streiten, ist es besser, wenn du ihnen vergibst, dankbar bist und sie liebst. Dann wirst du in deiner Sadhana Fortschritte machen.

F: Wie denkst du über eine gebende Natur?

MM: Eine gebende Natur spielt im Alltagsleben wie im spirituellen Leben eine dynamische Rolle. Manchen Menschen macht es Freude zu geben, so wie es anderen Freude macht zu nehmen. Eine gebende Natur zu haben ist ein großes Geschenk auf dem Weg.

F: Warum?

MM: Wenn du etwas gibst, an dem du besonders hängst, und es Gott, deinem Meister oder deiner Familie darbringst, dann löst du dich von den Verhaftungen an das materielle Leben und deine Liebe und Hingabe wachsen gleichzeitig Gott entgegen.

F: Ich möchte mich für ein Jahr der Gruppe „Mother Divine" anschließen und danach draußen in der Welt arbeiten. Dort kann ich täglich zwei Stunden meditieren.

MM: Ich ermuntere nie jemanden dazu, an irgendwelchen Gruppen oder Techniken teilzunehmen. Arbeite in der Welt, und wenn du Zeit hast, kannst du bei dir zu Hause meditieren.

F: Welche Mittel können wir einsetzen, um unseren Ätherkörper zu stärken, damit wir einen kräftigen physischen Körper bekommen, der uns hilft, den vielen Schwierigkeiten des Lebens zu begegnen?

MM: Nicht ein kräftiger Körper ist nötig, um Schwierigkeiten zu begegnen; wesentlich sind Hingabe, Aufrichtigkeit und Gebet.

F: Sind die Menschen, die zu Dir kommen, Dir wirklich ergeben?

MM: Sie kommen, weil es ihnen ein Bedürfnis oder eine Notwendigkeit ist.

F: Wir drehen uns im Kreis – wir haben unsere eigenen Vorstellungen, Empfindungen, Liebes- und Lebenserfahrungen. Es ist ein begrenzter Kreis. Können wir trotz dieser Begrenzung das Göttliche finden?

MM: Wenn ihr aus dieser Begrenzung heraustretet, dann ist es möglich, das Göttliche zu finden.

F: Welches sind die wichtigsten Eigenschaften, die es gilt, in uns zu entwickeln, und welche Hauptmängel sollten wir aufgeben?

MM: Die rechte Haltung ist die, dass wir versuchen, uns des Göttlichen zu erinnern, und im Gebet darum bitten, bewusst zu werden und dass unsere Mängel verschwinden.

F: Soll man nur um Spiritualität bitten?

MM: Ihr könnt um alles bitten.

F: Wie bringe ich meine schlechten Gedanken und Gefühle dar?

MM: Bete und bitte Gott, dass Er die schlechten Gedanken und Gefühle wegnehme, und bitte um gute Gedanken und Gefühle.

F: Warum haben Menschen ein Ego?

MM: Glaubst du, Gurus hätten heutzutage kein Ego?

F: Was ist Licht?

MM: Wir können das Licht mit unserem Verstand nicht begreifen.

F: Was ist Hingabe?

MM: Hingabe bedeutet nicht Schwäche. Das Darbringen seiner selbst und der materiellen Welt, der man verhaftet ist, ist eine mächtige Waffe.

F: Ich bin ein schlechter Mensch, und ich habe Angst, dass Du all das Schlechte sehen wirst, das ich getan habe.

MM: Habe keine Angst. Du denkst, dass du schlecht bist – nicht ich.

F: Ist es für einen Menschen möglich, immer im Zustand der Seligkeit zu sein?

MM: Sogar verwirklichte Menschen können nicht immer im Zustand der Seligkeit sein. Solange wir an den Körper und das Gemüt gebunden sind, ist das nicht möglich.

F: Wird die Mutter helfen, die Kundalini zu wecken?

MM: Ja. Aber langsam.

F: Ist es gut, TM, Kriya Yoga, Reiki usw. auszuüben?

MM: Es sind alles verschiedene Techniken. Wenn du sie praktizieren willst, kannst du das tun, doch versuche auch, dich an Gott zu erinnern.

F: Ich habe eine Menge Geld ausgegeben, um Techniken zu erlernen. Trotzdem fühle ich mich nicht gut oder sehe irgendwelche Ergebnisse. Ich möchte deshalb mein Geld zurückfordern.

MM: Du hast Geld ausgegeben und eine Zeitlang machte es dir Spaß. Jetzt das Geld zurückzufordern ist nicht fair. Das Göttliche erkauft man nicht mit Geld.

F: Viele spirituelle Organisationen nehmen eine Menge Geld, um Meditation zu lehren. Ist das nötig?

MM: Nein.

F: Ich bin zwanzig Jahre alt. Ich habe kein Interesse, mein Studium fortzusetzen, sondern möchte meditieren und ein spirituelles Leben führen.

MM: Das Leben besteht aus verschiedenen Stufen. Auf jeder Stufe müssen wir verschiedene Tätigkeiten ausüben. In deinem Alter zum Beispiel musst du etwas lernen. Dann musst du arbeiten, und danach wirst du vielleicht heiraten und

Kinder haben. Wenn deine Kinder erwachsen sind und du deine Pflichten erfüllt hast, dann verbringst du die meiste Zeit in Meditation oder Japa. Aber jetzt ist es besser für dich, dein Studium fortzusetzen und, wenn du Zeit hast, dich an das Göttliche zu erinnern und Japa zu machen.

F: Ich weiß nicht, wie ich Mängel, Fehler und Schwächen in mir dem Göttlichen darbringen kann.

MM: Woher weißt du, dass etwas schlecht ist? Urteile nicht darüber, ob es gut oder schlecht ist. Bringe es ohne zu urteilen einfach nur dar.

F: Stimmt es, dass eine Frau nicht das Göttliche verwirklichen kann, wenn sie einem Mönch dient?

MM: Nein. Ob Mann oder Frau, wenn sie mit Aufrichtigkeit dienen, werden sie sicherlich zur Erleuchtung finden.

F: Ich will das Göttliche heute verwirklichen.

MM: Wenn du nicht deine Pflichten erfüllst, wenn du nicht eine Natur des Gebens und Dienens entwickelst und Mitgefühl und Freundlichkeit anderen gegenüber, dann wirst du das Göttliche nie verwirklichen.

F: Welche Pflichten sind das?

MM: Sorge für deine Eltern. Wenn du verheiratet bist, kümmere dich um deine Frau und deine Kinder. Diese Pflichten nicht erfüllen, aber das Göttliche verwirklichen – das geht nicht.

F: Welches Leid schmerzt am meisten?

MM: Wenn man sich etwas wünscht, etwas erwartet, und es nicht bekommt: das schmerzt am meisten.

F: Wie kann ich glücklich werden?

MM: Versuche mit dem, was du hast, zufrieden zu sein. Du sagtest, du hättest versucht, mehr zu erreichen, aber es sei dir nicht gelungen, und nun seiest du traurig über die ganze Situation. Es zu versuchen ist in Ordnung. Aber sei glücklich, ob du nun etwas Bestimmtes erreichst oder nicht.

F: Was ist der Grund dafür, dass man unglücklich ist?

MM: Alles Unglücklichsein ist auf das Ego zurückzuführen.

F: Also hat das Ego die größte Macht?

MM: Nein, Notwendigkeit ist stärker als das Ego.

F: Stimmt es, dass es das Ende des Sadhana ist, wenn man Zufriedenheit erreicht hat?

MM: Ja, Zufriedenheit ist eines der Zeichen.

F: Ich möchte eine Pilgerreise machen, um Frieden zu finden. Soll ich das tun?

MM: Frieden muss in dir selbst sein, man kann ihn nicht von außen bekommen.

F: Was ist Geduld?

MM: Alles Leid ohne Klage zu erdulden. Sie ist ein Zeichen von spiritueller Reife und zeigt auch deine Aufrichtigkeit und deinen Glauben an das Göttliche.

(Adilakshmi:) Einmal kam ein Mann zur Mutter. Er war sehr aufgebracht und ruhelos. Die Mutter riet ihm zu meditieren. Er sagte:

F: Im Augenblick glaube ich weder an Dich noch an Gott noch an irgendeine Religion.

MM: Die Meditation dient dazu, dass du deinen Ärger und deine Unruhe los wirst. Sie hat nichts mit dem Glauben an Gott oder Religion zu tun. Nur um zu helfen, dass Ärger und Ruhelosigkeit sich lösen, rate ich dir zu meditieren.

F: Ich mache seit langem Yoga. Manchmal fühle ich mich dabei gut, aber manchmal ist es auch unbefriedigend.

MM: Das ist natürlich. Selbst die Natur ist nicht immer gleich, sie verändert sich fortlaufend. Manchmal erscheint das Leben blühend, harmonisch und freudvoll, es fühlt sich herrlich an, wie der Frühling. Und dann gibt es Momente voller Dunkelheit, wenn Zorn, Eifersucht und alle negativen Gedanken hervorkommen. Dann hast du das Gefühl zu fallen, wie wenn man im Schnee ausrutscht. Solche Momente sind normal. Bringe sie Gott dar.

F: Welche Beziehung besteht zwischen Glauben und Zweifel?

MM: Glauben und Zweifel gehören beide zur menschlichen Natur. Du kannst weder dem einen noch dem anderen entgehen. Glaube ist die positive und Zweifel die negative Seite des Lebens. Ein Mensch, der Zweifel hegt, leidet und das führt zur Zerstörung. Wenn du Zweifel nährst, baust du einen Widerstand auf, und ziehst dich von Freunden und Familienmitgliedern, sogar von dir selbst und auch von Gott zurück. Zweifel bringt viel Leid. Du kannst dich durch Zweifel selbst zerstören. Konzentriere dich deshalb nicht auf ihn, weil das fruchtlos ist. Zweifel kommt und geht. Gib ihm nicht so viel Bedeutung, sonst wird er immer größer. Analysiere deinen Zweifel nicht, lass ihn einfach kommen und gehen. Bete statt dessen darum, dass dein Glaube wachse, und mache Japa. Wenn du dich auf Zweifel konzentrierst, wird er immer größer. Genauso wächst aber auch der Glaube, wenn du dich auf ihn ausrichtest. Das, worauf wir unseren Geist richten, wächst, sei es Zweifel oder Glaube. Das Göttliche sorgt für uns. Habe einfach dieses Vertrauen, dass das Göttliche uns helfen wird.

F: Was schenkt Zufriedenheit?

MM: Es gibt verschiedene Arten der Zufriedenheit bzw. der Befriedigung. Wenn man eine schwere, aber rechtschaffene Arbeit leistet, verschafft einem der Verdienst daraus Befriedigung. Wenn man mit guten, moralischen Handlungen Geld verdient und das Geld wieder in guter Weise ausgibt, ist man vergnügt und froh bei seinem Tun. Mit guten Gedanken, Gefühlen, Worten und Taten erlangst du die Zufriedenheit, die aus der Wahrheit kommt. Wenn man seiner Pflicht von Herzen und gewissenhaft nachkommt, erwächst aus der Pflichterfüllung innere Zufriedenheit. All dies sind Zeichen spiritueller Reife.

F: Mutter, ich habe ein Haus, ein Auto, eine gute Arbeit, genug Geld um meine Rechnungen zu bezahlen.

Trotzdem bin ich damit nicht zufrieden, ich möchte meine Familie noch glücklicher machen. Deshalb möchte ich noch mehr Geld, wenigstens eine Million Rupien für die Zukunft auf meinem Konto haben. Damit möchte ich ein Import-Export-Geschäft aufziehen und an der Börse investieren. Bitte gib mir einen Rat.

MM: Es ist besser, dich mit dem zu begnügen, was Gott dir gegeben hat. Glück ist nicht von Geld oder äußeren Umständen abhängig, sondern von dem Frieden in dir. Versuche Frieden zu finden, und ich werde dir helfen.

(Adilakshmi:) Er hörte nicht auf den Rat der Mutter, verlor sein Geld bei seinen Unternehmungen und geriet in ernste Schwierigkeiten.

F: Was ist schlecht?

MM: Die Gefühle anderer zu verletzen.

F: Früher hatte ich keine Existenzangst, aber jetzt hab' ich sie. Woher kommt das?

MM: Solange wir auf das Göttliche vertrauen, gibt es keine Angst, aber wenn wir das Vertrauen verlieren, kommt Angst auf.

F: Und wie überwinden wir sie?

MM: Bete zu Gott und bitte, dass Er sie wegnimmt.

(Adilakshmi:) Mutters Art und Handeln sind schlicht und doch von tiefer Weisheit.

Am Anfang war im Hof vor dem Haus nur grober Schotter. 1994 entwarf die Mutter ein Muster für eine Bepflasterung. Die Arbeiter führten diese dann nach Ihren Wünschen aus, wobei die Mutter ihnen mit dem Anpassen der Steine und auf andere Weise half. Sie fühlten sich wohl in Ihrer Gegenwart. Einmal machten sie einen Fehler und setzten einen Stein mit der falschen Farbe ein, schwarz statt rot. Es war schon fast geschehen, aber gerade in diesem Moment kam die Mutter aus dem Haus und sah den Fehler vom Balkon aus. Sie wies darauf hin, dass der Stein mit der falschen Farbe nicht in das Muster passte. Alle waren überrascht von ihrer Sorgfalt und Genauigkeit.

Ein Mann aus Amerika, der zum ersten Mal kam, staunte, als er den Hof sah. „Wer hat das entworfen?“ fragte er mich. „Die Mutter“, antwortete ich. Er sagte: „Ich bin von Geburt Neuseeländer, bin aber nach Amerika ausgewandert. In Neuseeland haben manche ihre Hauswände genau mit solchen Linienmustern bemalt, die die Stufen zum Himmel symbolisieren. Gerade so führt uns die Mutter ja auch zu Gott, nicht wahr?“ Ich erzählte der Mutter, was er zu ihrem Muster gesagt hatte. Sie hörte still zu.

Die Thalheimer haben große Wertschätzung für diesen Hof und sagen, er sei der schönste im ganzen Ort; die Mutter habe Thalheim Glück gebracht und Ihre Gegenwart habe Thalheim Schönheit gebracht. Heute ist Thalheim in der ganzen Welt bekannt. Sie sind stolz auf die Mutter.

Ganz schlicht und einfach hat die Mutter dieses Muster entworfen. Ihre einfachen Handlungen haben aber eine erhabene, reiche und tiefgründige Bedeutung für das Leben.

അമ്മ

HILFE UND GNADE

F: Wie greift die göttliche Gnade ein?

MM: Die göttliche Gnade greift oft ein, indem sie eine bestimmte Situation verändert. Andererseits ist es häufig weder möglich noch wünschenswert, das Karma vollkommen zu löschen. Die Gnade kann aber manche seiner Auswirkungen abändern.

F: Ich möchte in meinem Freundeskreis für Dich werben.

MM: Keine öffentliche Werbung! Wenn deine Freunde in deinem Kreis Hilfe brauchen, wenn sie Probleme haben, kannst du mit ihnen reden. Sie werden Hilfe bekommen. Ihr Glaube selbst wird wachsen.

F: Ich bin schmerzlich hin und her gerissen. Manchmal liebe ich Dich, manchmal wieder nicht. Kannst Du mir helfen?

MM: Es macht nichts, ob du mich liebst oder nicht. Wenn du Hilfe brauchst, helfe ich dir. Für die Hilfe gibt es keinerlei Vorbedingung.

F: Es gibt keinen Regen in Spanien. Könntest du uns bitte helfen?

MM: Ja.

(Adilakshmi:) Es gab danach reichliche Regenfälle.

F: Ich rufe an, weil ich heute aus dem Krankenhaus gekommen bin. Als ich nach Hause kam, hatte ich starke Schmerzen. Dann sah ich das Foto der Mutter in der Zeitung. Ich fühlte, dass Sie göttlich ist. Seit ich ihr Foto gesehen habe, sind meine Schmerzen weg. Sie hat ein Wunder für mich getan. Ich würde die Mutter gern besuchen.

MM: Kümmere dich zuerst um deine Gesundheit. Ruhe dich aus und sieh zu, dass du zu Kräften kommst. Bete zu Gott und mache Japa. Es ist nicht nötig, dass du zum Darshan kommst.

F: Mutter, meine Frau ist schwanger, aber sie hat jetzt Blutungen. Bitte hilf ihr, dass sie ihr Kind behalten kann. Die Ärzte sagen, es gäbe keine Hoffnung.

MM: Sorgt euch nicht. Betet nur weiter. Ich werde euch helfen.

(Adilakshmi:) Sie bekamen ein Mädchen und sind sehr glücklich.

Jeden Freitag, Samstag, Sonntag und Montag zwischen sechszehn und siebzehn Uhr beantwortet die Mutter über ihre Sekretärin telefonisch Fragen. Es ist tief bewegend zu sehen, wie die Mutter hilft.

Manchmal empfangen die Menschen Ihre Hilfe augenblicklich. Sie bitten nicht nur für sich, für Verwandte und Freunde um Hilfe, sondern sogar für ihre Haustiere. Es ist ein Segen, die Hilfe, die die Mutter schickt, zu spüren und zu erleben, wie Menschen von ihren Nöten befreit werden. Ihre Dankbarkeit gegenüber der Mutter drückt sich ganz unterschiedlich aus.

Einmal rief eine Frau an und sagte, dass sie noch nie bei der Mutter gewesen sei, dass sie aber durch eine Freundin von Ihr gehört habe. Sie brauche dringend Ihre Hilfe:

F: Ich habe zwei kranke Katzen. Sie leiden, und ich bekomme keinen Schlaf. Auch ich bin nicht gesund. Könntest Du uns bitte helfen, dass wir schlafen können?

MM: Ich werde euch helfen.

(Adilakshmi:) Schon am nächsten Tag rief sie wieder an und berichtete, dass sie alle drei nach dem Anruf gut geschlafen hätten. Sie entschuldigte sich, dass sie in der Aufregung nicht gefragt habe, was sie für die Hilfe der Mutter schuldig sei. Sie schämte sich für ihre Undankbarkeit und bat um die Adresse der Mutter, damit sie sich erkenntlich zeigen könne. Ich sagte ihr, dass die Mutter für Ihre Hilfe nichts verlange. Da war sie überrascht und antwortete: „Ihr braucht doch Geld zum Leben. Wir müssen etwas geben und etwas für die Mutter tun."

Dann war da der Anruf einer Hausfrau, die gerne in ihrem Garten arbeitet. Sie war bekümmert, weil sie so viele Schnecken im Garten hatte. Sie war ratlos.

F: Ich hatte noch nie so viele Schnecken im Garten wie in diesem Jahr. Man wird nicht mehr mit ihnen fertig. Sie machen die Pflanzen kaputt. Mutter, könntest Du mir bitte helfen?

MM: Hole den Rat eines Gärtners ein. Bete zu Gott und mache Japa, dass du von dieser Plage befreit werdest. Ich werde dir auch helfen.

(Adilakshmi:) Als die Frau sich wieder meldete, sagte sie, dass sie schon am Morgen nach dem Anruf, als sie in den Garten ging, um nach den Schnecken zu sehen, fast keine mehr finden konnte. Die wenigen, die noch da waren, machten ihr nichts mehr aus. Sie sagte, dass es eine echte Plage und ein wirkliches Problem für sie gewesen sei. Nun ist sie der Mutter dankbar.

Einmal ging ich gerade zum Grab von Herrn Reddy. Ein Neunjähriger aus Thalheim kam zu mir und fragte mich: „Bist du Mutter Meera?" „Nein", antwortete ich ihm. Er sagte mir, dass er Mutter Meera sehen wolle. „Warum?" fragte ich. Da sagte er: „Wenn wir in Schwierigkeiten sind, können wir Mutter Meera um Hilfe bitten und Sie hilft uns dann. Ich habe gerade ein großes Problem und brauche Hilfe von der Mutter. Könntest du Sie bitten, dass Sie mir hilft?" Er ging mit mir bis zum Grab, dort fragte er mich, ob wir hier wie in der Kirche für die Lösung unserer Probleme beten könnten. „Ja, versuch's einmal", sagte ich ihm. Der Junge folgte mir noch bis nach Hause. Ich fragte ihn: „Was hast du denn für ein Problem?" – „Weißt du, meine Mutter hat mich gehauen." – „Und warum?" – „Weil ich meinen kleinen Bruder gehauen habe." Ich machte ihm klar, dass es besser sei, seinen kleinen Bruder zu lieben als sich mit ihm zu zanken.

Er kam noch einmal zum Haus und fragte wieder, ob er die Mutter sehen könne. Ich sagte ihm, dass das nicht geht. Da bat er mich, der Mutter zu sagen, dass er Ihre Hilfe brauche, damit seine Mutter ihn liebt und nicht mehr haut. Ich ging nach oben und erzählte der Mutter die ganze Geschichte. Sie erwiderte mit einem Lächeln, dass Sie ihm und seiner Mutter helfen werde, jedoch müsse auch er seinen Bruder lieben. Außerdem schickte Sie ihm noch Schokolade. Ich ging hinunter und überbrachte Ihre Antwort und die Süßigkeit. Der Junge war überglücklich.

Ab und zu sehe ich ihn, wenn ich zur Post gehe. Einmal kam er zu mir und erzählte, dass jetzt alles ganz anders sei: seine Mutter liebe ihn und sein Bruder auch und er sei froh. Und ich solle der Mutter sagen, dass er Ihr danke.

Die Mutter tröstet die Menschen in ihren Sorgen, ganz gleich ob groß oder klein, und die Menschen fühlen sich sehr erleichtert, nachdem sie angerufen haben. Viele fürchten sich zum Beispiel vor dem Zahnarzt. Einmal rief eine Amerikanerin an und sagte, dass sie vor nichts Angst habe außer dem Zahnarzt. Sie hatte seit drei Jahren Zahnschmerzen und war trotzdem nicht zum Zahnarzt gegangen. Inzwischen waren die Schmerzen schrecklich, doch immer noch konnte sie sich nicht dazu durchringen. Sie bat die Mutter um Hilfe. Die Mutter sagte ihr:

MM: Habe keine Angst. Bevor du gehst, bete zu Gott, damit Er dir Kraft, Mut und Frieden schenkt, dich dem Problem zu stellen. Und mache auch Japa. Ich werde dir helfen.

(Adilakshmi:) Als sie vom Zahnarzt zurück war, rief die Frau noch einmal an und berichtete, dass mit Mutters Hilfe alles glatt und sanft abgelaufen war. Sie war ganz erstaunt darüber. Jetzt hat sie keine Angst mehr vor dem Zahnarzt und ist der Mutter unsäglich dankbar.

Einmal beriet die Mutter einen Engländer, der am Telefon weinte und sagte, dass er am nächsten Tag eine Operation habe, bei der ihm fünf Zähne gezogen werden müssten. Nachdem die Operation gut verlaufen war, rief er an und dankte der Mutter für Ihre Hilfe.

Manchmal hilft uns die Mutter, dass wir uns auch in schwierigen, schmerzlichen Situationen leicht fühlen. Das gibt uns die Kraft, durch solche Situationen ruhig und mutig hindurch zu gehen.

Die Mutter hilft auch bei ganz irdischen Problemen. Sie half einmal einer Elfjährigen, mit ihrem Heimweh fertig zu werden, und Sie half sogar ihrem kranken Goldfisch. Ihre Liebe und Ihr Erbarmen sind

Adilakshmi und Mutter 1996

grenzenlos wie der Ozean. Dabei gilt Ihre Liebe Menschen und Tieren gleichermaßen.

F: Ich hatte ein recht sonderbares Erlebnis, als ich in Indien war, im Süden von Goa. In einem kleinen Dorf stellten wir unser Motorrad im Schatten der einzigen Palme ab, die dort stand. Da fiel mir eine riesige grüne Kokosnuss von hoch oben auf den Hinterkopf. Ich verlor zwar nicht das Bewusstsein, aber mir war schwindlig und ich fühlte mich verwirrt, wie im Delirium. Ich war sicher, dass ich sterben würde. Zuerst hatte ich Angst. Ich betete immer wieder zu Dir. Ich rief nach Dir. Ich erinnere mich, dass ich ganz speziell nach Dir und Adilakshmi rief. Und ich hatte das Gefühl, dass Ihr beide da wart. Da ein solcher Unfall selten vorkommt, dachte ich, dass dies einfach mein Schicksal sein müsse, und sorgte mich nicht länger ums Sterben. Plötzlich fühlte ich mich viel besser und erholte mich bald darauf. Soll ich aus dem Ganzen etwas Bestimmtes lernen?

MM: Dieses Erlebnis stärkt deinen Glauben an Gott.

(Adilakshmi:) Einmal kam ein reizendes junges Paar aus England und wohnte in Mutters Haus. Sie arbeiteten in Mutters neuem Anwesen mit. Danach fragte ich sie: „Wie war der Tag heute?" Da erzählte der Mann, dass ihm ein Wunder geschehen sei: „Ich ging mit einer schweren Last die Treppe hinunter. Die

Treppe hatte noch kein Geländer. Ich verlor das Gleichgewicht und war im Begriff, hinunterzustürzen. Dabei hätte ich mich sicher ernsthaft verletzt. Aber irgendetwas hielt mich bewegungslos aufrecht auf dem Fleck, wo ich stand. In dem Moment sah ich zu meiner Überraschung die Mutter unten an der Treppe stehen und zu mir hochsehen. Ich weiß gar nicht, wie ich Ihr danken soll."

Später fragte ich die Mutter:

Adilakshmi: Mutter, stimmt es, dass Du im Wissen um die Gefahr da warst, ihn zu beschützen?

MM: Ja.

(Adilakshmi:) Einer der Devotees, der in der Schweiz bei der UNO arbeitet, kommt regelmäßig zum Darshan. Eines Tages fragte ich ihn, wie die Fahrt gewesen sei. Er erzählte mir, dass er nur um Haaresbreite einem schweren Autounfall entkommen sei und dass die Mutter ihm damit schon zum zweiten Mal das Leben gerettet habe. Er fügte hinzu, während beider Unfälle habe er die Mutter mitten in dem Geschehen gesehen. Sein Leben habe sich völlig verändert. Jetzt nehme er seine menschlichen Beziehungen völlig anders wahr, seine Einstellung zur Welt sei anders. In seiner Familie herrsche jetzt Harmonie. Er fühle einen inneren Frieden und sei mitfühlender geworden. Seine zwanzig Jahre Meditationsübungen hätten ihm nur sehr wenig Fortschritt gebracht. Nun aber sei seine Sehnsucht nach dem Göttlichen, die in diesen zwanzig Jahren keine Erfüllung fand, gestillt. Nun koste er die göttliche Liebe. Er fände keine Worte, wie dankbar er der Mutter sei.

Ich erzählte der Mutter seine Geschichte und fragte sie:

Adilakshmi: Mutter, hast Du ihn bei dem Unfall gerettet?

MM: Ja.

(Adilakshmi:) Ein Fax kam aus Frankreich, gerichtet an die Mutter als Göttliche Mutter, Retterin und Inkarnation Gottes, in dem ein Ehepaar die Mutter um den besonderen Schutz für sein Kind bat. Sie erzählten folgenden Vorfall:

„Bei uns zu Hause ist etwas Schlimmes passiert, glücklicherweise mit einem guten Ausgang. Aber es hat uns sehr aufgewühlt."

„Unsere kleine Tochter ist zwei einhalb. Wir haben sie bei ihrer Geburt Dir geweiht. Eines Tages, als ich rückwärts in unsere Auffahrt bog, um das Auto in die Garage zu stellen, kam unsere kleine Tochter aus dem Haus gelaufen – mir und dem Auto entgegen. Wegen eines großen Baumes konnte ich sie nicht sehen. Sie fiel unter das Auto und ich fuhr über sie hinweg – aber auf wunderbare Weise berührte sie keines der Räder und sie blieb völlig unverletzt."

„Seit über zwanzig Jahren bete ich zu Dir und meditiere regelmäßig über Dich. Obwohl dieser Vorfall mich tief erschütterte, hat er auch meinen Glauben und mein Vertrauen zu Dir gestärkt und wachsen lassen. Die Göttliche Mutter sei gelobt!"

Ein Fax aus Kanada berichtet von einem Kleinbusunfall. Der Mann ist seit 1979 ein Devotee der Mutter. Er beschrieb den Vorgang folgendermaßen:

„Am Sonntag Morgen wachte ich auf, schaute in den blauen Himmel und fühlte mich ruhig und glücklich. Ich konnte ganz stark Deine Gegenwart spüren. Für diesen Tag hatten meine Freundin und ich einen Besuch in einem Park mit Wildtieren geplant, die man auch streicheln kann. Unterwegs merkten wir, dass wir auf der falschen Straße waren und eine andere Straße zurück nehmen mussten. Es wurde spät, deshalb trat ich etwas auf's Gas. Plötzlich: Peng! Peng! Der Vorderreifen war geplatzt. Ich fuhr etwa 125 km/h, um mich herum waren viele Autos. Aber es war offensichtlich, dass ich Schwierigkeiten hatte, und so machte man mir Platz, damit ich den Wagen wieder unter Kontrolle bekommen konnte. Ich stellte fest, dass der äußere Reifengürtel fehlte, aber da der innere Schlauch noch da war, konnte ich ganz langsam bis zur nächsten Werkstatt fahren und alles reparieren lassen. Zu meiner großen Überraschung sagte meine Freundin: 'Komm, wir wollen die Hände falten und Gott danken, denn er hat uns vor etwas Schrecklichem bewahrt.' Das haben wir dann auch vor allen Leuten getan. Ich habe das Gefühl, dass dieser Tag gesegnet war, weil ich an dem Morgen Deine Gegenwart so deutlich gespürt hatte. Ich erinnerte mich auch daran, wie ich Dich zum ersten Mal bat: 'Mutter, bitte sei immer bei mir.' Und Du hattest geantwortet: 'Erinnere dich an Gott. Ich werde bei dir sein.' Ich habe keinen Zweifel, dass Du mich gerettet hast. Welches Glück, dass ich Dich kennen darf, geliebte Mutter!"

Die Mutter betont immer, dass es nicht notwendig sei, an Sie zu glauben. Die Menschen können ihren eigenen Glauben behalten, sie müssen aber in ihrem Streben zu Gott oder ihrem Guru aufrichtig sein. Wenn sie Hilfe brauchen, wird die Mutter ihnen helfen. Sie stärkt ihren Glauben.

Eine Frau aus den USA hatte die Mutter noch nie gesehen, aber über Freunde von Ihr gehört. Sie war unglücklich, weil sie Schwierigkeiten mit ihrem Sohn hatte, und sagte, dass sie nicht mehr leben wolle. Sie und ihr Sohn seien verschiedenen Glaubens. Eines Tages bat sie die Mutter, ihrem Sohn beruflich zu helfen und ihn zu beschützen. Die Antwort der Mutter war ein Ja.

Ein paar Tage später berichtete sie in einem Fax, was ihr Sohn ihr erzählt hatte: Er war mit dem Lastwagen unterwegs, als ein Auto aus der entgegenkommenden Richtung auf seine Spur hinüberschwenkte, direkt auf ihn zu. Er hatte gerade nicht auf die Straße geachtet, wurde aber von irgend etwas im letzten Moment aufmerksam gemacht, so dass er noch ausweichen konnte. Er sagte, er sei danach derart geschockt gewesen, dass er noch Stunden brauchte, um sich wieder zu beruhigen. Aber als Folge davon sei er nun überzeugt, dass „etwas" auf ihn aufpasse. Dies schenke ihm ein größeres Vertrauen in die unsichtbaren schützenden Mächte. Diese Erfahrung liess ihn auch sein Leben als etwas Wertvolles begreifen. Er danke Gott und auch der Mutter. Sein neugewonnener Glaube habe ihm außerdem geholfen, an seine

Arbeitssuche, die ihn zuvor so belastet hatte, gelassener heranzugehen.

Seine Mutter sagte, sie werde für die beschützende Kraft von Mutters wunderbarer Liebe ewig dankbar sein.

Es ist immer wundervoll zu hören, wie die Mutter Menschen bei ihren Schwierigkeiten hilft. Aus England kam ein Brief mit Neujahrswünschen aus einem Trainingszentrum für ganzheitliche Erziehung. Die Gruppe dort hatte Thalheim besucht und sie berichteten, was ihnen auf der Fahrt passierte. Von Anfang bis Ende ihrer Reise hatte die Mutter die ganze Gruppe beschützt. Es hieß in dem Brief:

„Von Anfang an wusste ich, dass wir in guter Obhut waren. Kurz nachdem wir die Autobahn verließen, hatte ich das Gefühl, dass uns das Benzin ausgehen würde. Da ich hinten in unserem Minibus saß, wusste ich es nicht sicher, aber etwas sagte mir, dass es ein Problem gab. Ich betete zu Mutter Meera um Hilfe. Wir hatten nur noch zehn Minuten, um die Fähre zu erreichen, als mein Freund, der am Steuer saß, an eine Tankstelle fuhr. Aber sie war geschlossen. Er wendete und fuhr in eine andere Straße. Vorne sah ich wieder eine Tankstelle. Er bremste, fuhr hinein – und hielt einen Meter vor der Zapfsäule. Da wurde mir klar: genau in diesem Moment war uns das Benzin ausgegangen. Ein paar von uns stiegen aus dem Auto und schoben es den letzten Meter."

„Außer mir war noch keiner bei Mutter Meera gewesen. Wir alle hatten einen wunderbaren und sehr bewegenden Darshan bei Ihr."

„Auf dem Rückweg nach England im Minibus merkte ich plötzlich, dass irgendwoher Rauch kam. Ich rief meinem Freund am Steuer zu, dass der Bus brenne. Wir befanden uns in dichtem Verkehr, trotzdem öffnete sich in diesem Augenblick eine Lücke und wir konnten auf einen Fahrbahnstreifen herausfahren, der gerade ausgebessert wurde. Inzwischen rauchte es stark. Aber niemand von uns war aufgeregt – als hätten wir alle den gleichen Gedanken gehabt: 'Wir sind beschützt.' Der Vorderreifen des Minibusses hatte ein Loch, doch statt zu kollabieren, was normalerweise hätte geschehen müssen (dann wäre der Wagen mitten im Verkehr außer Kontrolle geraten), hatte er noch so lange gehalten, bis wir sicher standen. Sobald wir anhielten, sackte er zusammen, als wollte er sagen: 'Ich habe getan, was von mir verlangt wurde, jetzt ist meine Aufgabe beendet.' Mein Freund meinte, so etwas habe er noch nicht erlebt; er hätte es nie für möglich gehalten, dass ein Reifen in diesem Zustand bei 100 km/h noch halte."

„Wieder in England, kamen wir alle im Meditationsraum zusammen und dankten Mutter Meera für Ihren Beistand. Unter uns war so ein wunderbares Gefühl von Frieden und Freude. Und es ist immer noch in allen vorhanden, die die Reise mitgemacht haben."

Nachdem ich diesen Brief gelesen hatte, fragte ich die Mutter:

Adilakshmi: Mutter, warum passierte ihnen dies alles, nachdem sie Dich besucht hatten?

MM: Es gibt keinen besonderen Grund dafür, aber dieses Erlebnis stärkt ihren Glauben an Gott.

F: Ich habe von einem Freund gehört, dass Du Menschen in Not hilfst. Stimmt das?

MM: Ja.

F: Ich bin eine ganz normale Frau, nicht philosophisch orientiert, sondern ganz praktisch. Ich arbeite viel und bin voll ausgelastet. Ich bin jetzt seit sechs Jahren verheiratet, aber wir haben keine Kinder, obwohl wir uns beide welche wünschen. Was kann ich tun?

MM: Hast du einen Arzt zu Rate gezogen?

F: Ja. Er sagt, wir seien beide gesund.

MM: Versuche, schwanger zu werden. Bete auch zu dem Gott, an den du glaubst, und wiederhole Seinen Namen, um Kinder zu bekommen. Ich werde dir helfen.

(Adilakshmi:) Sie rief einen Monat später an und sagte, dass sie schwanger sei und der Mutter sehr dankt. Zwei Jahre später erfuhren wir, dass sie ihren zweiten Sohn bekommen hatte.

Die Menschen bitten die Mutter um Hilfe, indem sie schreiben, ein Fax schicken oder manchmal anrufen und die Vermittlung der Sekretärin nutzen. Nur selten besteht die Möglichkeit, die Mutter direkt zu bitten.

Ganz gleich welchen Weg sie wählen, sie bekommen Hilfe. Wenn wir aufrichtig sind und tief und von ganzem Herzen beten, bekommen wir bestimmt Hilfe. Es ist nicht nötig, dass wir mit gesprochenen Worten um die Hilfe des Göttlichen bitten. Deshalb gibt es auch keine Sprachbarriere. Das Göttliche steht allen bei, die in Not sind, wenn ihre Hilfesuche stark ist. Denn nicht nur Menschen bitten um Hilfe, sondern auch die Tiere tun es, auf ihre eigene Weise.

Es war an einem heißen Sommertag in Deutschland, am heißesten Tag seit hundert Jahren, wie es hieß. Am späten Nachmittag saßen die Mutter und ich im Wohnzimmer und sprachen über verschiedene Themen, um meine Zweifel auszuräumen, die ich über die Wirklichkeit, Spiritualität und darüber hatte, wie Gott allen in der Not hilft, seien es Menschen oder Tiere, zum Beispiel wie das Göttliche hungrige Tiere speist und ihr Leben schützt. Ich sagte zur Mutter: „Ich habe gehört, dass Gott die Gebete aller seiner Geschöpfe hört und ihnen beisteht.“ Die Mutter hatte mir zugehört, plötzlich schaute sie durch das Fenster in den Garten. Ich sah ebenfalls hinaus und war überrascht, einen Jungen an dem Bach zu sehen, der zwischen dem Garten und dem Hinterhof fließt. Die Mutter sagte, ich solle ihn wegschicken, weil er gekommen sei, um Fische zu fangen. Der Junge ging daraufhin weg, und ich entdeckte zwei Fische im Wasser. Ich freute mich über ihre Rettung. Als ich die Mutter ansah, lächelte sie. Meine Frage war ohne Worte beantwortet worden.

In diesen Tagen ist die Mutter mit der neuen Darshanhalle beschäftigt, deshalb ist keiner da, der sich um den Garten kümmert. Überall ist Gras hochgeschossen. Die Mutter trug mir auf, einige Pferdebesitzer ausfindig zu machen und ihnen zu sagen, dass sie ihre Pferde bei uns im Garten weiden lassen könnten. Mehrere Tage hatte ich damit aber keinen Erfolg. Ich sagte es der Mutter. Sie meinte, ich solle es weiter versuchen.

An einem der Darshantage trat die Mutter vor dem zu Bett gehen noch einmal ans Fenster und sah, wie sich ein Pony dem Eingang unseres Gartens näherte. Sie rief mich. Ich war verblüfft, plötzlich ein Pony im Garten zu sehen. Von unten im Haus fragte jemand, ob wir es dort lassen sollten. Darauf die Mutter: „Lasst es nur, morgen geht es wieder weg." Als ich am nächsten Morgen nach dem hübschen Pony Ausschau hielt, war es verschwunden.

Folgendes Fax erreichte uns aus den USA:

„Ich bin Anwalt in den Vereinigten Staaten. Viele Menschen auf der ganzen Welt sind der Auffassung, dass die Rechtspflege unseres Landes von Zynismus, Manipulation, Misstrauen und noch Schlimmerem durchdrungen sei. Natürlich ist der Darshan von Mutter Meera das genaue Gegenteil von alledem. Der Darshan der Mutter ist erfüllt von Liebe, Licht, Vertrauen und Heilung. Bevor ich den Darshan der Mutter erhielt, hatte ich als Anwalt mit zwanzigjähriger Praxis die obigen Kennzeichen meines Berufsstandes ausgiebig kennen gelernt. Beim Darshan erfuhr ich dann ein Licht, eine Liebe, eine Heilung, wie ich sie noch nie in meinem Leben erlebt hatte."

„Ich kam im Februar 1992 nach Deutschland, um den Darshan der Mutter zu empfangen. Ich beabsichtigte, ein Wochenende mit vier Darshans zu bleiben – am Ende waren es drei Wochenenden mit zwölf. Das Licht der Mutter verändert mein Leben."

„Zurück in den USA, legte mir mein Partner schon nach wenigen Tagen den Fall einer Frau vor, die kein Geld, dafür aber elf Kinder hatte, von ihrem Mann verlassen war und sich, bei einem Sturz aus dem Rollstuhl auf dem Weg in die Intensivstation eines Krankenhauses, einen Halswirbelbruch zugezogen hatte. Obwohl die Frau ihren Termin bei Gericht herbeiwünschte, war ihr Fall von einem anderen Anwalt einen Monat vor dem Gerichtstermin fallengelassen worden. Ihr Prozess war schlecht vorbereitet und aus diesem Grund gab es eigentlich keine Erfolgsaussichten. Es ging um einen medizinischen Kunstfehler, doch waren keine Experten bereit auszusagen. So war der Fall offensichtlich hoffnungslos. Jedoch Mutters Licht erfüllte das gesamte Verfahren. In der Tat, ohne Mutters Darshan hätte ich wahrscheinlich den Fall gar nicht angenommen."

„Von Beginn der Verhandlung an schien das Licht der Mutter alle Beteiligten einzuhüllen, sogar die gegnerischen Parteien und deren Anwälte. Jeden Tag, während einer Prozessdauer von über einem Monat, sah ich das Licht der Mutter wie einen sanften Regen niedergehen – auf mich, meine Klientin, die Zeugen, den Richter, die Verteidigung, sogar das Gerichtsgebäude. Obwohl die unglückselige Frau objektiv gesehen keine Chance hatte, den Prozess zu gewinnen, siegten die Liebe und das Licht der Mutter. Die Jury beriet sich nur ungefähr zwanzig Minuten, was nach einem Prozess von einem Monat Dauer allein schon sehr ungewöhnlich war, und fällte dann ein Urteil zugunsten der Frau. Ich glaube, dass die Mutter aus Gründen, die nur Sie kennt, in diese Sache eingegriffen hat. Bestimmt versetzten die Zuwendungen, die die Frau aufgrund des Urteils bekam, sie in die Lage, wieder auf die Beine zu kommen und ihre elf Kinder zu versorgen. So war in diesem Verfahren, so unwahrscheinlich das schien, tatsächlich Gerechtigkeit geschehen. Es wurde mir klar, dass die Liebe der Mutter alles durchdringt, dass sie unermesslich ist, gleichzeitig aber so leise und bescheiden, dass die meisten das Warum und Wozu Ihres göttlichen Wirkens nicht erkennen. Ich erkannte während des Prozesses und danach immer mehr, dass unsere Gebete während des gesamten Verfahrens nicht nur dieser armen Frau in ihrer Notlage die gesegnete Hilfe der Mutter brachten, sondern dass Ihr Licht auch unserem Kontrahenten half, ein echtes und gerechtes Ergebnis zu finden."

„So habe ich gelernt, dass, wenn man sich einfach dem göttlichen Licht der Mutter beim Darshan öffnet, dies entsprechend unserer Demut zu einem machtvollen Empfang Ihres Segens führt. Dieser Segen leitet die Seele unfehlbar zu allem, was sie in diesem Leben und darüber hinaus braucht. Ein einfaches Gebet aus Herz und Seele, dass wir uns für immer Ihrem Licht anvertrauen wollen, bringt uns unserem Ziel stetig näher – dem wahren Ziel jedes suchenden Herzens: der seligen Vereinigung mit Gott. Danke,

Mutter, für die täglichen Erkenntnisse, die Du uns auf diesem Weg schenkst!“

అమ్మ

KARMA UND FRÜHERE LEBEN

F: Was ist Karma?

MM: Wie du säst, so erntest du; was du gibst, bekommst du selbst; was du getan hast, Gutes oder Böses, kehrt in diesem oder einem anderen Leben zu dir zurück. Schon die Geburt ist ein Karma. Nach deiner Geburt häufst du durch Taten noch mehr Karma an. Deine Taten bestimmen dein Karma. Sind es gute Taten, bekommst du gutes Karma; sind es schlechte, bekommst du schlechtes Karma.

F: Wenn wir geboren werden, wie viel geht dann auf unsere Eltern und die Vererbung zurück und wie viel kommt vom Karma und den Eindrücken aus früheren Leben?

MM: Ein Teil der Eigenschaften des Menschen ist definitiv vererbt, von den Eltern, auch den Großeltern usw.. Aber der Hauptfaktor ist unser individuelles Karma aus früheren Leben.

F: In diesem Leben bin ich sehr wenig vorangekommen. Ist meine Entwicklung stehen geblieben oder geht sie weiter?

MM: Die Entwicklung bleibt nicht stehen, sie setzt sich Leben um Leben fort.

F: Was hat es mit dem Karma auf sich?

MM: Das Karma ist nicht festgelegt. Durch unsere eigenen Handlungen haben wir unser eigenes Karma geschaffen. In früheren Zeiten, wenn die Menschen ihre Probleme nicht lösen konnten, trösteten sie sich, indem sie sagten, das sei ihr Karma und dem entgehe man eben nicht. Wir wissen aber, wenn man arbeitet und sich bemüht, ist es durchaus möglich, ein glückliches Leben zu führen. Doch träge wie wir sind möchten wir uns nicht bemühen, und dann suchen wir diese Ausflucht und sagen, es sei unser Karma.

F: Stimmt es, Mutter, dass man sich seinem Karma entsprechend seine Eltern selbst aussucht?

MM: Nein.

F: Welcher Elternteil trägt das Karma des Kindes? Stimmt es, dass es die Mutter trägt, bis das Kind sieben ist, und der Vater, bis es vierzehn ist, und dass es ab vierzehn Jahren sein eigenes Karma trägt?

MM: Karma ist Karma. Wir können nicht sagen, dass bis zum Alter von sieben oder vierzehn

Jahren die Eltern das Karma des Kindes tragen. Jeder muss sein eigenes Karma tragen.

F: Wie kann man sein Karma verringern?

MM: Leiste gute Arbeit, hilf anderen und übe Hingabe an den Höchsten oder an Gott.

F: Können wir von unserem Karma befreit werden?

MM: Handeln und seine Folgen lassen sich nicht vermeiden, doch wenn wir alle Handlungen in einer Haltung der Hingabe und des Loslassens aufrichtig und von ganzem Herzen Gott oder dem Göttlichen darbringen, dann werden sie gereinigt, und befreien uns schließlich von unserem Karma.

F: Nachdem ich die Mutter angerufen hatte, fuhr ich mit dem Fahrrad und holte mir eine kleine Verletzung. Um Haaresbreite hätte ich mir das Genick gebrochen.

MM: Es gibt im Leben ein gewisses Karma, dem man nicht gänzlich entgehen kann. Aber durch die Gnade bleibt selbst ein Unfall für dich unbedeutend und du entrinnst einer größeren Gefahr.

F: Was wird mit mir geschehen, wenn ich gestorben bin?

MM: Das hängt davon ab, wonach du im Leben trachtest. Trachtest du nach materiellen Dingen, wirst du sie bekommen. Trachtest du nach dem Göttlichen, wirst du das Göttliche erlangen.

F: Was bedeutet es, das Göttliche zu erlangen?

MM: Es bedeutet nicht, zum Göttlichen zu werden. Es bedeutet, dass man sich auf das Göttliche zu bewegt, dass man auf dem Weg zum Göttlichen fortschreitet.

F: Bedeutet es, dass man dem Göttlichen näher kommt oder dass man ihm nahe ist?

MM: Im Göttlichen gibt es kein nah oder fern. Es bedeutet, dass wir auf dem Weg sind.

F: Mutter, ein Arzt für Psychogenetik, der mich untersucht hat, sagte mir, dass meine Schmerzen unten im Rücken erblich seien und fünf Generationen zurück gingen. Ist das möglich?

MM: Nein. Die Schmerzen haben nur mit deinen jetzigen körperlichen Problemen zu tun; sie sind nicht durch Karma bedingt.

F: Kann eine unglückliche Inkarnation einer glücklichen folgen?

MM: Warum nicht?

F: Ich wüsste gerne meine Vergangenheit und meine Zukunft.

MM: Denke nicht über die Vergangenheit oder die Zukunft nach. Bete statt dessen zu Gott um Erfüllung deines Ziels oder Ideals.

F: Ich bin als Christ geboren, habe aber einen starken Glauben an Buddha und achte alle Religionen. Ich habe früher wohl in Indien gelebt, vielleicht als Buddhist?

MM: Es ist nicht wichtig, ob du einmal in Indien gelebt hast. Du hast verschiedene Religionen studiert und fühlst dich vom Buddhismus angezogen, also folgst du ihm.

F: Ich glaube, in der Vergangenheit habe ich mir gutes Karma erworben, deshalb habe ich in diesem Leben die Möglichkeit, verschiedene Heilige zu besuchen.

MM: Heutzutage denken die Menschen meist nur ans Geld und haben keine höheren Werte. In einem früheren Leben hattest du den Wunsch, der Menschheit zu dienen, und das setzt du in diesem Leben fort.

F: Werde ich die Kraft haben, mein Ziel zu erreichen?

MM: Alles wird gut gehen. Bete zu Gott um Kraft, bringe Gott deine Arbeit dar und gib dich in Seine

Hände wie ein Kind. Da dein Ziel gut ist, wird alles gut gehen, und ich werde dir helfen.

F: Du siehst alle Götter und Göttinnen. Zu wem soll ich am besten beten, damit alle Hindernisse beseitigt werden?

MM: Bete zu dem Gott, den du liebst, alle deine Hindernisse wegzunehmen, und bitte auch um die Kraft, dein Ziel zu erreichen.

అమ్మ

ASTROLOGIE UND RITUALE

F: Warum hältst du nichts von Astrologie oder Handlesekunst? In Indien glaubt man, dass es besser sei, während des Vollmonds zu reisen, nicht am Amavasya (Neumondtag) und auch nicht am Dienstag. Warum glaubst du nicht an Astrologie?

MM: Als wir geboren wurden, geschah das nicht durch die Wahl eines Datums. Ebenso wählen wir auch für unseren Tod kein Datum. Für das Leben sind Geburt und Tod von entscheidender Bedeutung. Auf beide haben wir keinen Einfluss. Wenn wir uns daher in anderen Angelegenheiten auf die Astrologie verlassen, ist das einfach nur Torheit. Die Leute sagen, dass man am Amavasya nicht reisen soll, weil es dunkel ist. Da könne jemand auftauchen und uns belästigen oder uns mit dem Tode bedrohen, oder Diebe könnten sich an uns heranmachen. Es sei gefährlich, im Dunkeln zu reisen. Aber der Tag selbst ist kein schlechter Tag. Wenn wir bei Tag reisen, sind Leute da, es ist hell; also ist bei Tag zu reisen weniger gefährlich. Eine tiefere Bedeutung gibt es nicht.

F: Ist es gut, Yagnas (vedische Opferrituale) auszuführen?

MM: Ich rate nicht zu Yagnas, Homas (Feueropfer) oder anderen Ritualen. Ich lege nur auf Japa besonderen Wert, für das es zwar weder Regeln noch Vorschriften gibt, das aber, wenn du den Namen Gottes von Herzen sprichst, wirksam Früchte hervorbringt. Ein Yagna oder Homa kannst du nicht kaufen. Wenn du sie vollziehen willst, musst du physisch anwesend sein und sie selbst ausführen. Dann fällt dir die Frucht des Yagna zu.

F: Mutter, wir sind instruiert worden, viel Geld für Yagnas zu spenden. Ist das notwendig?

MM: Bei Yagnas oder Homas muss man physisch anwesend sein. Wenn wir uns nicht am Ort befinden, wo diese stattfinden, ist ihre Ausführung zwecklos.

F: Hast Du schon einmal Puja (rituelle Verehrung eines Meisters oder einer Gottheit) oder Homa ausgeführt?

MM: Ja. 1990 habe ich eine Bhumi Puja gemacht (Verehrung der Göttin Erde) und 1993 Durga Homa.

F: Wozu hast Du sie gemacht?

MM: Man sagte mir, wenn ich für Durga Homa bezahlte, würde man es in meinem Namen ausführen. Aber der Brahmane oder Pujari (Priester) sagte mir, dass man dazu anwesend sein müsste. So war es unausweichlich, dass ich da war und es selbst ausführte.

F: Ist es hilfreich, ein Pendel zu gebrauchen?

MM: Nein.

F: Gibt es bestimmte Heilweisen, die gut sind und andere nicht?

MM: Ich empfehle nie eine bestimmte Heilweise.

F: Ich glaube an Engel. Wie kann ich ihre Gegenwart fühlen?

MM: Es ist wahr, dass es Engel gibt. Es kommt darauf an, was du von ihnen erwartest. Wenn du um Hilfe bittest, wirst du Hilfe bekommen.

F: Mutter, sind Pujas und Homas notwendig?

MM: Es ist gut, Gott zu verehren. Puja auszuführen mit einer Erwartung, wie zum Beispiel Erleuchtung oder Reichtum zu erlangen, ist nicht gut.

F: Mutter, ist Jyotish (Astrologie) zur Erleuchtung notwendig?

MM: Wenn du Geld hast, probierst du viele Dinge aus. Wenn du Multimillionär bist und erkrankst, wird deine Krankheit anders behandelt, als wenn du arm bist. Jyotish hat nichts mit Erleuchtung zu tun.

F: Mutter, sind Edelsteine nötig, um negatives Karma auszugleichen?

MM: Weil du Geld hast, kaufst du sie und trägst sie bei dir. Wenn es so wäre, was wäre dann mit den Armen? Nein, Edelsteine können uns nicht von negativem Karma befreien.

F: Mutter, muss man die Veden studieren, um Erleuchtung zu erlangen?

MM: Durch das Studium der Veden oder anderer heiliger Bücher erwirbt man Wissen, nicht Erleuchtung. Viele haben dem Studium der Veden ihr Leben gewidmet. Bitte schau selbst und frage sie, wie viele erleuchtet sind.

F: Jemand hat mir gesagt, ich hätte kein glückliches Schicksal, und mir geraten, im Tempel Homa, Yagna und Puja machen zu lassen. Ist das wahr?

MM: Puja zu machen ist gut, aber die Erwartung, wenn ich Puja mache, bekäme ich ein gutes Schicksal, ist falsch. Die Priester machen jeden Tag Pujas, aber sie sind nicht glücklich und haben keinen Frieden. Bald drückt sie dieses Problem, bald jenes. So machen sie Puja mit ruhelosem Geist und Herzen. Sie können mit ihren Gebeten ihre eigenen Probleme nicht lösen – wie sollen sie dann die Probleme von anderen lösen?

F: Ein Astrologe hat mir gesagt, es bestehe die Möglichkeit eines Autounfalls. Stimmt das?

MM: Die meisten hier haben ein Auto, und so hat dir der Astrologe einen möglichen Autounfall vorhergesagt. In Indien wird ein Astrologe sagen, dass es einen Auto-, Fahrrad-, Bus- oder Lkw-Unfall geben könnte. Denn in Indien läuft man auf der Straße, deshalb kann jedes dieser Fahrzeuge einen Unfall verursachen. Einen möglichen Unfall kann man also mit dem nüchternen Verstand vorhersagen, es ist überhaupt nichts besonderes. Wenn ein Astrologe nur mit dem Leben im Westen vertraut ist, sind seine Interpretationen so, kennt er nur den Osten, sind sie anders. Und noch einmal anders sind sie, wenn er sowohl den Osten als auch den Westen kennt.

F: Ich möchte pendeln lernen. Ist das gut, Mutter?

MM: Es ist nicht gut, das Pendel zu befragen. Zwei Dinge sind wichtig: das eine ist, dass man an Gott glaubt, und das andere, dass man Selbstvertrauen hat. Wenn du das Pendel benützt, gewöhnst du dich daran, es für jede Kleinigkeit zu befragen, und dann gewinnt das Pendel eine größere Bedeutung als dein Selbstvertrauen und dein Glaube an Gott.

అమ్మ

CHANNELING UND BOTSCHAFTEN

F: *Eine Person behauptet, unter Deiner »inneren« Führung zu arbeiten. Sie bietet an, das Paramatman-Licht zu geben, und will dafür bezahlt werden. Ist diese Information richtig?*

MM: Ich habe niemanden dazu autorisiert, mich zu vertreten oder in meinem Namen zu handeln, und ich habe niemals jemanden angeleitet, mir in meiner spirituellen Arbeit zu helfen. Ich muss meine Arbeit selber tun. Die Menschen projizieren ihre eigenen Ideen auf mich und hängen dann an diesen Vorstellungen.

Adilakshmi: Manchmal berichten Menschen davon, dass sie von der Mutter telepathisch oder in einem Traum aufgefordert worden seien, etwas für Sie zu tun. Die Mutter arbeitet nicht auf diese Weise. Sie will, dass wir Menschen direkt und ganz praktisch die Herausforderungen unseres Lebens annehmen und nicht in Wunschdenken verfallen.

F: Heute hat mir ein Besucher gesagt, dass er nach dem Lesen eines Buches über die Mutter von Ihr gerufen worden sei, zu Ihr zu kommen. Ist das richtig?

MM: Das ist nicht richtig. Ich rufe niemals jemanden, zu mir zu kommen. Wenn jemand zum

Darshan kommen möchte, soll er anrufen und einen Termin vereinbaren. Ich mag es nicht, wenn Personen unangemeldet kommen oder in der Nähe des Hauses herumstreichen.

F: Ich bekam eine innere Botschaft von Sai Baba. Er forderte mich auf, zu ihm nach Indien zu kommen. Kann ich so einer Botschaft vertrauen und folgen?

MM: Das ist nur deine Einbildung. Du kannst während deines Urlaubs dorthin fahren, aber gib nicht deinen Beruf und deine Karriere aus spirituellen Gründen auf. Spirituellen Fortschritt kann man sehr gut während der Arbeit erlangen.

F: Hilft es meiner persönlichen Entwicklung, Hellseher, Personen, die Channelings anbieten, oder Heiler zu konsultieren?

MM: Wenn du an Gott glaubst, ist es nicht nötig, überall hin zu laufen. Wenn du wahrhaftig bist, kannst du alles erreichen. Du musst die Verantwortung für dein Leben akzeptieren und es in deine eigenen Hände nehmen. Sei stark und positiv und gib dein Bestes. Gehe nicht »durch« andere oder »durch« etwas anderes.

F: Und wenn ich krank bin?

MM: Gehe sofort zu einem Arzt und bete zu Gott um Hilfe. Ich werde dir auch helfen.

F: Meine Freunde kennen verschiedene Hellseher, Astrologen und Heiler. Für mich war es faszinierend zu hören, was meine Freunde über sich selbst erfuhren. Ist es gut, solche Leute zu Rate zu ziehen?

MM: Es ist nicht nötig, zu all diesen Leuten zu gehen. Jeder wird dir wahrscheinlich eine andere Lösung desselben Problems vorschlagen. Sie verwirren die Menschen. Sie können nicht alles sehen, und deshalb verwirrt es dich. Es ist wichtiger, Japa zu machen und zu Gott bzw. zum Göttlichen zu beten.

F: Im Traum hast Du mir gesagt, ich solle kommen und Dich besuchen. Ist das so?

MM: Nein. In Wirklichkeit sage ich dir nicht, dass du kommen sollst.

F: Aber im Traum hast Du mich ganz deutlich dazu aufgefordert.

MM: Du sprichst über deinen Traumzustand. Die Leute sagen oft, ich hätte dieses oder jenes in einem Traum gesagt. Ich sage dir jetzt, dass es falsch ist, aber du glaubst mir nicht. Wenn ich einmal nicht mehr da bin, werden die Leute erzählen, die Mutter habe dies gesagt und die Mutter habe jenes gesagt.

F: In meinem Traum wurde mir gesagt, ich solle mir keine neue Arbeit suchen, sondern mich mehr auf Dich verlassen.

MM: Bleibe bei deiner jetzigen Arbeit und verlasse dich nur auf das Göttliche; miss Träumen keine Bedeutung bei.

అమ్మ

(Adilakshmi:) Alle Religionen sind etwas von Menschen Geschaffenes. Sie sollen uns zum Göttlichen führen und haben so alle dasselbe Ziel, aber es sind unterschiedliche Wege. Es ist genau so, als wenn man Mutter Meera aufsucht. Manche, die in der Nähe wohnen, kommen vielleicht zu Fuß, andere mit dem Auto, dem Bus, dem Zug, dem Schiff, dem Flugzeug. Aber ganz gleich, mit welchem Fahrzeug oder aus welcher Richtung – alle kommen zur Mutter als ihrem gemeinsamen Ziel.

F: Viele Religionen liegen im Streit miteinander und im Namen Gottes wird getötet. Werden sich die Religionen der Welt mit der Entwicklung des Menschen verändern?

MM: Nein, solange die Menschen verschiedene Religionen haben, wird der Streit kein Ende nehmen.

F: Wird der Konflikt erst enden, wenn der Mensch erkennt, dass es zwischen seiner religiösen Überzeugung und der der anderen keinen Unterschied gibt?

MM: Ja.

F: Wenn ich wiedergeboren werde, mich reinkarniere, ist es dann notwendig, in dieselbe Religion hineingeboren zu werden?

MM: Religion ist etwas Menschengemachtes, sie ist aber kein Hindernis. Du kannst in jede Religion hineingeboren werden.

F: Ursprünglich glaubte ich an Jesus, aber nach einiger Zeit verlor ich den Glauben an Ihn. Dann sah ich Dein Foto im Haus meines Freundes und mein Glaube erneuerte sich wieder. Nach vielen Jahren bei Dir kehrte ich zu meinem Glauben an Jesus zurück, glaubte aber auch noch an Dich. Jetzt habe ich den Glauben an Dich verloren.

MM: Es ist gut, dass du zu deinem Glauben an Jesus zurückgekehrt bist; das ist wichtig. Dass du an mich nicht mehr glaubst, ist nicht so wichtig. Den Glauben an Jesus wieder gewonnen zu haben ist wichtig. Bete zu Jesus und gib dich in Gottes Hand.

F: Wie denkst Du über das Christentum?

MM: Die Größe des Christentums liegt darin, der Menschheit zu helfen.

F: Ich praktiziere den Buddhismus und möchte zur Mutter beten, aber ich habe Angst, dass ich dann mein Gelübde, den Ritualen zu folgen, nicht halten werde.

MM: Wenn man heiratet, verspricht man auch viel und hält es nicht.

F: Adilakshmi, du sagtest, die Mutter stehe über allen Veden – wie das?

Adilakshmi: Die Veden wurden von hochentwickelten, bewussten Menschen, Rishis (Sehern) oder Weisen, verfasst. Sie lehren uns, wie man das Göttliche erlangt, welcher Lebensweise man folgen muss, um sein Ziel zu erreichen und sich mit dem Göttlichen zu vereinen. Aber Mutter Meera ist von göttlichem Wesen, und jedes Wort und jede Handlung von Ihr ist göttlich.

F: Stimmt es, dass Maria in Colorado erscheint? Ist es gut dort hinzufahren?

MM: Das kommt auf deinen Glauben, deine Überzeugung an. Wenn es für dein Gefühl ein heiliger Ort ist, ist es gut hinzufahren.

F: Ist Gott nur in Tempeln, Kirchen und Moscheen?

MM: Auch wenn es keine Tempel, keine Kirchen und keine Moscheen gäbe, die göttliche Kraft ist immer da. Diese Bauten sind von Menschen geschaffene Dinge.

అమ్మ

EHE UND FAMILIENLEBEN

F: Ist die Ehe ein Hindernis für die Verwirklichung des Göttlichen?

MM: Eine Ehe hindert uns weder, dem Göttlichen zu dienen, noch es zu erreichen. Versucht nicht krampfhaft zu entscheiden, ob ihr heiraten sollt oder nicht. Wenn ihr heiraten wollt, ist das in Ordnung; wollt ihr Nonne oder Mönch bleiben, ist das auch in Ordnung. Macht es euch nicht so schwer; entscheidet euch frei und lebt, wie es euch zusagt – mit oder ohne Gefährten.

F: Ich nehme die Pille zur Geburtenkontrolle. Ist das gut?

MM: Das muss man selber wissen.

F: Wer braucht unsere Liebe ganz besonders?

MM: Kinder und alte Menschen brauchen mehr Liebe und Fürsorge.

F: Warum messen die Inder der Ehe eine größere Bedeutung bei als die Menschen im Westen?

MM: Wenn die Inder die gleiche Freiheit und den gleichen Wohlstand genössen wie die Menschen im Westen, würden sie ihr auch nicht so große

Bedeutung beimessen. In der indischen Kultur ist es sehr wichtig oder notwendig, dass man heiratet. Selbst ein Millionär oder ein Kaiser würde seine Kinder in gute Ehen mit einer glänzenden Zukunft geben wollen. Wenn alle Kinder dann glücklich wären, fühlte er, sein Grihasta Dharma (seine Familienpflichten) erfüllt zu haben.

F: Ist es nötig, Kinder zu haben?

MM: Ja, ich meine, es ist nötig, Kinder zu haben.

F: Warum?

MM: Wenn ich jetzt einen Grund angebe, denkst du, ich hätte eine indische Denkweise. Es ist wichtig, die Familie zu erhalten. Wenn du krank oder in Not bist, gibt es jemanden, der sich um dich kümmert und dir hilft. Die gegenseitige Unterstützung in der Familie nährt unsere menschliche Natur.

F: Wenn ich krank bin, gehe ich ins Krankenhaus, dort versorgt mich eine Krankenschwester. Ich brauche keine Familie.

MM: Ja, es stimmt, dass dich dort eine Krankenschwester versorgt. Das Pflegepersonal wird seine Pflichten erfüllen. Trotzdem besteht ein Unterschied in der Liebe und Zuneigung, wenn sie von

Familienmitgliedern kommt, wie Ehemann oder Ehefrau, Vater oder Mutter, Sohn oder Tochter, Bruder oder Schwester. Solche Familienmitglieder hegen und pflegen dich auf einer sehr verfeinerten Gefühlsebene, die dich nährt.

F: In der Familie eines Freundes erlebte ich vor kurzem, dass eines der Kinder darum betete, sein Vater möge an seiner Krankheit sterben, während die anderen Kinder beteten, er möge wieder gesund werden.

MM: Ja. Ich weiß das. Aber wir müssen Gutes und Schlechtes gleichermaßen annehmen.

F: Ich empfinde einen inneren geistigen Schmerz. Was kann ich tun?

MM: In deinem Fall handelt es sich nicht um einen inneren Schmerz. Er hat nur mit den äußeren Schwierigkeiten zu tun. Wenn du den äußeren Problemen klar ins Auge schaust, fühlst du den inneren Schmerz gar nicht mehr. Versuche, das Problem zu lösen, dann wirst du von dem Schmerz befreit sein.

F: Sollten Kinder aller Kulturen die Veden studieren?

MM: Wenn wir heute ein Kind im Studium der Veden unterweisen und es sucht dann eine Arbeit, wird es Schwierigkeiten haben, eine zu finden und sein Leben wird nicht leicht sein. Im alten Indien war es richtig, die Veden zu studieren, so wie es der damaligen Zeit und Kultur angemessen war. Aber heute hilft das nicht einmal in Indien den Menschen, ihre Probleme zu lösen. Die Erziehung, die wir vermitteln, muss zeitgemäß sein, damit die Kinder nicht aufgrund unserer Entscheidungen später einmal zu leiden haben.

F: Ich bin verheiratet und Mutter von fünf Kindern, deshalb habe ich immer mit Hausarbeit zu tun. Ich würde Gott gern mehr Zeit widmen, aber es ist mir nicht möglich. Darüber bin ich traurig.

MM: Herrschen Harmonie und Liebe in deiner Familie?

F: Ja.

MM: Und hat sich die Familie gut entwickelt?

F: Ja. Alle sind erwachsen und stehen fest im Leben.

MM: Es ist ein Zeichen von spirituellem Fortschritt, wenn du dich anderen hingibst. Dies bringt eine gebende, opferbereite Natur zur Reife, die eine Grundvoraussetzung für Spiritualität darstellt. Im Geben erwächst dir Glück und Zufriedenheit, und das ist die Frucht von Spiritualität. Das Leben in der Familie ist sehr wichtig; denn wenn jeder in der Familie glücklich ist, wird die Welt glücklich sein und es wird weniger Probleme geben.

F: Mein Mann ist nicht spirituell. Was kann ich tun?

MM: Du kannst nicht beurteilen, ob er spirituell ist oder nicht. Er hat seine eigene Art der Spiritualität. Lass ihm daher die Freiheit, gemäß seiner eigenen Art zu leben. Besteht Harmonie zwischen euch?

F: Ja. Er meditiert zwar nicht, aber er unterstützt mich darin, meine Meditationszeiten einzuhalten. Er hört auch aufmerksam zu, wenn ich meine Erfahrungen schildere.

MM: Wenn er sich harmonisch verhält und Verständnis für dich zeigt, ist schon dies ein Zeichen von Spiritualität. Lass ihn daher gemäß seiner eigenen Art leben. Du kannst aber für ihn beten und Japa machen.

F: Ich liebe meinen Mann, und er liebt mich auch. Manchmal streiten wir uns allerdings, und dann schlägt er mich und verletzt mich. Ich kann dieses Leid unmöglich länger ertragen und möchte mich daher von ihm trennen.

MM: Wenn beide sich lieben, sollten sie besser zusammen leben. Manchmal ist es besser, Ruhe zu bewahren und seine Wut nicht so auszuleben. In der Partnerschaft ist es manchmal klüger, sich still zu verhalten, wenn der Partner in Rage ist.

F: Nachdem wir fünfzehn Jahre verheiratet waren, verließ mich mein Mann. Ich habe keine Hoffnung, dass er jemals zurückkommt. Was kann ich tun?

MM: Wenn du keine Hoffnung mehr hast, versuche einen anderen ledigen Mann zu finden und lebe dein eigenes Leben weiter.

F: Sollte man nicht wie ein Kind sein?

MM: Ja, aber heute sind Kinder reifer als sie es früher waren.

F: Ich wünsche mir einen Lebensgefährten, der gut aussieht, wohlhabend und spirituell ist und auch sonst gute Eigenschaften hat. Auf ihn warte ich schon sehr lange. Was soll ich tun?

MM: Einen Partner zu finden, wie du ihn dir in der Phantasie ausmalst, wird nicht geschehen. Wir müssen uns auf das einstellen, was das Leben uns bringt.

F: Wie kann ich wissen, wenn ich einer Frau begegne, dass sie die Richtige ist?

MM: Die Liebe selbst zeigt es dir und du fühlst es auch.

F: Ich bin niedergeschlagen. Wie lange muss ich noch auf einen Lebensgefährten warten?

MM: Einen Lebenspartner nach unserem Geschmack und mit ganz bestimmten Eigenschaften zu finden, ist nicht leicht. Wir müssen warten und Geduld haben, zu Gott bzw. dem Göttlichen beten und auch Japa für die Erfüllung unseres Wunsches machen.

F: Ich bin Inder. Mein Sohn möchte zur Fortbildung in die USA gehen. Soll ich ihn schicken?

MM: Wenn es dir möglich ist, kannst du ihn in die USA schicken. Aber du solltest deshalb keine höhere Mitgift verlangen, falls er nach Indien zurückkehren sollte. (Nach indischer Tradition muss der Vater der Braut dem Ehemann Geld oder Besitz geben.)

F: Meine Mutter starb, als ich zehn war. Wir hatten angenommen, dass auch unser Vater damals gestorben sei, und nun waren wir überrascht, ihn auf der Beerdigung unserer Großmutter zu sehen. Wir sind alle böse auf ihn, weil er sich nicht um uns gekümmert hat. Wie soll ich mich nun ihm gegenüber verhalten?

MM: Was vergangen ist, ist vergangen. Jetzt ist euer Vater bei euch. Streitet nicht mit ihm, sondern liebt ihn.

F: Die Suriyoga-Anhänger sind dabei, ein Friedenstreffen in Russland zu veranstalten. Ich bin Mitglied der Gruppe, weiß aber nicht, ob ich mitgehen soll oder nicht, weil ich dann mein Kind allein lassen müsste. Ich wäre dabei unglücklich, und mein Kind wäre es auch. Es ist eine Gruppe von 150 Frauen, die dort hinfahren und für den Frieden beten.

MM: Wenn du selbst nicht im Frieden bist, wie könntest du Frieden schenken? Mache zuerst deine Familie glücklich und friedvoll. Finde zuerst in dir selbst Frieden.

F: Ich bin Student und möchte der Menschheit helfen. Welche Richtung soll ich einschlagen?

MM: Was raten deine Eltern?

F: Mein Vater hat mich gebeten, mich um das Geschäft zu kümmern, aber ich will das nicht. Ich möchte anderen helfen.

MM: Wenn du deinem Vater nicht hilfst, wie kannst du anderen helfen? Mache zuerst deine Familie glücklich und tue, was dein Vater dir aufgetragen hat.

F: Manche sagen, jede Abtreibung bedeute, dass man Jesus tötet. Ist das wirklich so?

MM: Wenn es so wäre, müssten alle, die je als Menschen auf die Welt kamen und aufwuchsen, Jesus gewesen sein.

F: Ich habe einen Freund, inzwischen sind wir ein Liebespaar. Manchmal ist er nicht zum Aushalten. Was kann ich tun?

MM: Du hast zwei Möglichkeiten: die Situation anzunehmen wie sie ist oder zu versuchen, einen anderen Freund zu finden.

F: Was ist ein echter Freund?

MM: Ein echter Freund hilft dir, wenn du in Not bist, und beschützt dich und dein Wohlergehen. Wenn dich Angst und Schrecken überkommen, bietet er dir Zuflucht. Er wird im Reichtum und in Armut zu dir stehen. Er verrät dir seine Geheimnisse und behält die deinen für sich. Er steht dir in Schwierigkeiten bei. Er opfert sein Leben für dich. Er gibt dir guten Rat und ist mitfühlend, wenn du Probleme hast. Er freut sich über dein Wohlergehen, deinen guten Namen und Ruf. Er lässt es nicht zu, dass jemand dich entehrt. Er rät dir zum Guten und führt dich auf den rechten Weg. Er warnt dich oder hält dich davon ab, Böses zu tun. Es ist schwer, einen echten Freund zu finden.

F: Warum zerbricht die Familie im Westen, aber nicht die indische Familie?

MM: Zunächst einmal, wenn im Westen die sexuelle Beziehung keine Befriedigung bringt, dann sehen sich beide nach einer anderen Beziehung um; der Mann geht heimlich zu einer anderen Frau, die Frau heimlich zu einem anderen Mann. Beide leiden, wenn sie von dem Verhältnis des anderen erfahren, dann bemühen sie sich, zu einem Kompromiss zu kommen, versuchen, ihre Beziehung zu retten, und wenn das nicht gelingt, trennen sie sich schließlich.

Außerdem ändert sich oft ihre sexuelle Beziehung, nachdem sie Kinder haben, und dann halten sie nach einer neuen Beziehung Ausschau.

In Indien gibt es keine finanzielle und sexuelle Freiheit, und auch die Heirat wird von den Eltern, älteren Verwandten oder anderen Familienmitgliedern arrangiert. Selbst wenn manche alle nur mögliche Freiheit genießen, scheuen sie sich wegen ihres kulturellen und auch religiösen Hintergrundes, selber ihren Partner zu wählen. Sie fürchten das Karma, haben Angst, etwas falsch zu machen, und sie denken auch, dass das Göttliche in allem ist, und bringen deshalb ihre Wünsche dem Göttlichen dar.

Auch in Indien gibt es Fälle, wo sich Menschen frei entscheiden, aber sie sind in der Gesellschaft nicht geachtet. Manchmal ist ihnen der Besuch von Tempeln oder gesellschaftlichen Zusammenkünften, Hochzeiten oder Festen verwehrt.

Aufgrund der sexuellen Freiheit gibt es in den westlichen Ländern die Tendenz, dass Menschen nur eine Zeitlang zusammen leben. Wenn ihr Sexualleben nicht mehr erfüllt ist, trennen sie sich. Dabei erkennen sie nicht, dass sie damit ihre eigene Familie und auch andere Familien zerbrechen. Sie begreifen nicht, wie viel Schaden sie einander zufügen, wenn sie sich nur auf der emotionalen Ebene verlieben.

Wenn Menschen nur auf die sexuelle Lustbefriedigung aus sind und sonst nichts, werden Mann und Frau sich betrügen. Selbst wenn beide im gleichen Haus wohnen, werden sie eine körperliche Beziehung zu einem anderen Partner unterhalten, und sie werden ihre Kinder vernachlässigen.

F: Wie hat sich dieser große Unterschied zwischen den Familien in Indien und im Westen entwickelt?

MM: In Indien glaubt man an die Reinkarnation und auch an das Karma, während man im Westen im allgemeinen nicht an diese Grundwahrheiten glaubt.

F: Warum hassen Kinder im Westen oft ihre Eltern?

MM: Die Kinder hassen ihre Eltern, weil weder der Vater noch die Mutter da ist, wenn sie sie brauchen. Wenn die Kinder dann heranwachsen, ist es nur natürlich, dass sie ihre Eltern hassen.

F: Wie können Eltern es vermeiden, dass ihre Kinder sie hassen?

MM: Vater und Mutter sollten ihren Kindern ein gutes Vorbild sein. Kinder haben ein sehr zartes und empfindsames Herz und Gemüt. In diesem Alter sollten wir ihre Gefühle keinesfalls verletzen, weil die Eindrücke sich ihnen so tief einprägen, dass sie aus ihrem Herzen und Geist nie mehr gelöscht werden. Es ist besser, keinen Anlass zu geben, dass Kinder leiden. Wenn möglich, versucht, ihnen Glück und Frieden zu schenken. Die Eindrücke der Kindheit, gute wie schlechte, haben einen großen Einfluss auf sie. Da ihr den Kindern das Leben geschenkt habt, ist es eure Pflicht, für sie zu sorgen und ihre Bedürfnisse zu erfüllen. Bis sie zwölf sind, brauchen Kinder am meisten Hilfe. Bis zum sechzehnten Lebensjahr sollten die Eltern weiterhin für ihre Kinder sorgen; falls sie eure Hilfe und Unterstützung nicht brauchen, ist es etwas anderes. Im allgemeinen liegt es an den Eltern, welche Zukunft die Kinder haben. Ob ein Kind gut oder schlecht ist, hängt zumeist von den Eltern ab.

F: Was ist hier im Westen der beste Weg, um Beziehungsprobleme zwischen Eheleuten zu lösen?

MM: Wenn zwischen Mann und Frau keine Harmonie herrscht, ist es besser, sich zu trennen. Wenn ihr einen neuen Partner sucht, ist es besser, einen ledigen zu finden. Man sollte nicht wegen seiner sexuellen Lustbefriedigung die Familien anderer zerstören; man sollte sich nicht in ihr Familienleben einmischen und ihrer Beziehung Schaden zufügen. Doch wenn ihr ihnen helft, wird das Göttliche auch euch helfen.

In der Regel gibt es kleinere Unstimmigkeiten unter Eheleuten. Diese sollte man nicht benutzen, um in ihre Beziehung einzudringen und zu körperlicher Intimität zu kommen. Ein sexuelles Verhältnis ist kein Mittel, das man gebrauchen darf, um über die Probleme in einer fremden Ehe hinweg zu trösten. Ganz allgemein: mischt euch nicht in die Ehe anderer ein. Löst die Probleme in eurer eigenen Ehe, oder trennt euch. Es ist sehr schlecht, eine andere Ehe zu zerstören.

Im Eheleben muss das sexuelle Verlangen im Gleichgewicht sein. Meistens haben die sexuellen Wünsche kein Ende und je größer sie sind, desto mehr bleibt man in ihnen gefangen. Sie sind uferlos. Deshalb ist es in einer Ehe besser, sich auf die Bedürfnisse der Kinder, statt auf die eigenen, zu konzentrieren. Es ist besser, starke Werte und Charakterfestigkeit in den Kindern heranzubilden, indem man treu seinen Pflichten nachkommt. Wenn wegen sexueller Wünsche Mutter- oder Vaterpflichten vernachlässigt werden, leiden die Kinder zutiefst. Dann nehmen Herz und Geist bei ihnen Schaden und seelische Probleme sind die Folge. Bemüht euch, Harmonie in eure Familie zu bringen, indem ihr Gott und euren Pflichten treu ergeben seid. Wenn möglich, betet für die Familie eines anderen, aber dringt nicht in eine fremde Ehe ein.

Ihr erinnert euch selbst, wie es früher, vor ein bis fünf Jahrzehnten, in eurer Gesellschaft gewesen ist und wie es heute aussieht. Vergleicht selbst, ich brauche euch dazu nichts zu sagen. Versucht also, euer Familienleben harmonisch zu gestalten und wenn möglich auch für die Familien anderer zu beten.

F: Wir sind unglücklich. Wir haben Eltern, aber wir fühlen, dass wir keine haben. Wir sind sechs Geschwister. Ich bin 18, mein jüngster Bruder ist erst zwei. Unsere Mutter interessiert sich nur für ihr Liebesleben, hat aber kein Interesse, sich um ihre Kinder zu kümmern. Dagegen ist mein Vater im Vergleich zu den leiblichen Vätern meiner Brüder und Schwestern in Ordnung. Wenn wir aus der Schule kommen, ist niemand da, der nach uns sieht. Wir müssen uns um uns selber kümmern. Bei uns zuhause gibt es weder Freude noch Fröhlichkeit. Manchmal herrscht unter uns eine unerträgliche Traurigkeit, besonders zu Weihnachten. Einer, dessen Vater kommt, ist dann zwar glücklich, doch die anderen, deren Väter nicht kommen, sind furchtbar unglücklich. Weihnachtsfreude gibt es schon lange nicht mehr. Was sollen wir tun, damit Harmonie, Frieden und Freude einkehren? Gibt es irgendeine Lösung, Mutter?

MM: In diesem Fall muss eure Mutter selbst den Fehler in ihrem Verhalten erkennen und ihn ablegen. Ihr müsst alle für sie beten, und ich werde euch helfen.

F: Ist es Gottes Wille, dass ich allein sein soll?

MM: Es ist nicht Gottes Wille. Wenn du eine Familie haben möchtest und dir einen Partner wünschst, dann bemühe dich darum und bete darum und mache Japa.

F: Sind die Kinder in Europa anders als in Indien?

MM: Ja.

F: Inwiefern?

MM: Hier schenken ihnen die Eltern nicht genug Liebe. Kinder fühlen den Mangel an Liebe.

F: Hier leiden die Kinder mehr. Was meinst du, Mutter?

MM: Hier im Westen bekommen die Menschen keine Liebe. Die Kinder haben jede Freiheit, aber die Eltern streiten sich vor ihnen, tun alles vor den Kindern. In Indien dagegen haben die Eltern ihre Privatsphäre und die Kinder haben nicht so viel Freiheit wie hier.

F: Ich bin verliebt, aber das Problem ist, dass meine Liebe nicht erwidert wird.

MM: Wenn beide sich lieben, gibt es kein Problem. Wenn die Liebe dagegen einseitig ist, wird das Problem immer größer.

F: Ist es gut, wenn Kinder in einem Ashram leben und dort zur Schule gehen?

MM: Es ist besser, wenn Kinder bei den Eltern leben; dann können sie jede Schule besuchen. Wenn sie bei den Eltern leben, entfaltet sich Liebe und sie haben eine gute Beziehung zu ihren Eltern.

F: Wenn in einer Familie die Mutter oder der Vater tüchtig und dem Dharma ergeben ist, dann wird der Segen des Göttlichen auf der ganzen Familie ruhen, nicht wahr?

MM: Ja.

F: Und wie geschieht das?

MM: Wenn die Eltern aufrecht und fleißig sind, dann treten die Kinder in ihre Fußstapfen. Die Eltern sind dann gute, lebendige Beispiele und Vorbilder für ihre Kinder.

F: Wann soll ich mich von meinen Familienpflichten zurückziehen?

MM: Wenn du Kinder hast, ist es deine Pflicht, sie zu erziehen, eine Arbeit für sie zu finden, sie zu verheiraten und zu sehen, dass sie auf eigenen Füßen stehen. Wenn deine Kinder dann Kinder haben, müssen sie selbst für ihre Kinder sorgen. Wenn du auch für deine Enkel die Verantwortung übernehmen willst, dann mangelt es dir an

Einsicht. Dieselben Pflichten bestehen auch im Westen, mit Ausnahme des Verheiratens.

F: Ich arbeite seit über vierzig Jahren als Arzt in Amerika. Nun würde ich gern in einem Ashram leben, aber meine Frau möchte ihre Unabhängigkeit beibehalten und nicht in einem Ashram leben, weil ein Leben dort mit Verzicht verbunden ist. Wir sind uns uneins. Was soll ich tun?

MM: Lebe unabhängig und besuche verschiedene Ashrams. Spende was du möchtest und diene, soviel du kannst.

F: Wie sollte man mit Beziehungen innerhalb der Familie umgehen?

MM: Man sollte jede Beziehung als das empfinden, was sie ist. Vermischt sie nicht. Zum Beispiel, sieh deine Mutter als eine Mutter, deine Schwester als eine Schwester, deinen Bruder als einen Bruder und deinen Vater als einen Vater. Nähert euch einander nicht mit sexuellen Absichten, denn dann entstehen viele Probleme. Dann gehen Harmonie und Frieden in der Familie verloren und die Schwierigkeiten beginnen. Heutzutage werden diese Beziehungen vermischt, und zwar von Menschen, die sich gerade erst vom Tier zum Menschen entwickelt haben; ihre Seelen sind noch nicht genügend gereift. Die Sünde hat sich zu einem Berg aufgehäuft. Aber die Göttin Erde (Bhumata) kann die Sünden der Menschen nicht länger tolerieren. Dass es jetzt so viele Katastrophen und soviel Zerstörung auf der Welt gibt, ist die Folge menschlicher Sünden und Taten.

F: Was gilt es in der Hauptsache zu vermeiden oder zu entwickeln und zu kultivieren?

MM: Nichts im besonderen gilt es zu vermeiden oder zu kultivieren. Versucht einfach nur, ein normales, gutes Leben zu führen, macht Japa und strebt nach dem Göttlichen.

F: Manchmal, wenn wir die Liebe der Mutter fühlen, dann ist uns klar, dass die Liebe in dieser kritischen Zeit gegenwärtig ist. Aber manchmal scheint es, als ginge die Liebe weg.

MM: Die Liebe ist immer da. Nur manchmal, wenn wir verschlossen sind, fühlen wir sie nicht. Wenn wir offen sind, fühlen wir, dass die Liebe existiert.

F: Bevor ich dir begegnet bin, hasste ich meine Eltern und war nicht in Harmonie mit meiner Mutter und meinem Vater. Doch nun habe ich diese Harmonie gefunden und liebe meine Eltern. Aber liebe ich sie auch wirklich? Mir fällt es schwer, das zu verstehen.

MM: Ja, du liebst sie. Du brauchst das nicht anzuzweifeln.

F: Bitte hilf mir, andere Menschen zu verstehen und zu erkennen, wie ich in Harmonie mit ihnen leben kann.

MM: Wenn dein Bewusstsein wächst, dann ist es leicht zu verstehen.

F: Warum kämpfen Menschen und warum gibt es Kriege?

MM: Fehlende Liebe und mangelnde Freundschaft resultieren schließlich in Kriegen.

అమ్మ

GESUNDHEIT UND MEDIZIN

F: Ist körperliches Leid notwendig für die Entwicklung? Kann uns intensive Arbeit an uns selbst vollständig heilen?

MM: Nicht notwendigerweise.

F: Meine Frau hat Brustkrebs. Sie leidet sehr und ist ganz niedergeschlagen. Wir sind noch nie beim Darshan gewesen. Bitte, Mutter Meera, hilf meiner Frau.

MM: Sei deshalb nicht niedergeschlagen. Habe Vertrauen zu Gott und bete zu Ihm, dass Er ihr helfe. Entspanne dich und versuche, friedvoll zu sein, und ich werde helfen.

F: Mein Vater leidet an Krebs und die Ärzte haben Zweifel, dass die Mittel, die sie ihm geben, wirken. Sind es die falschen Mittel, sollte man sie lieber absetzen?

MM: Es sind die richtigen Mittel, doch die Krankheit ist ernst. Auch wenn die Mittel keine Wirkung zeitigen, geben sie dem Patienten doch das Gefühl etwas zu tun. Sie sind also nötig.

F: Meine Frau hat chronische Kopfschmerzen und kein Arzt findet die Ursache.

MM: Sie soll mehr Wasser trinken und regelmäßig Gymnastik machen.

F: Ich habe das Gefühl, dass ich schuld daran bin, dass mein Freund Rheuma bekommen hat. Was kann ich tun?

MM: Wenn er einen seelischen Schock oder einen Nervenzusammenbruch bekommen hätte, dann könntest du meinen, diesen möglicherweise verursacht zu haben. Doch Rheumatismus zum Beispiel ist eine rein körperliche Beschwerde. Das hat nichts mit dir zu tun.

F: Menschen, die an AIDS leiden, fürchten sich vor Gott. Haben sie diese Krankheit wegen ihrer Sünden?

MM: Sich vor Gott zu fürchten ist nicht hilfreich. Sie sollten zu Gott um Hilfe beten. Wenn man wegen seiner Handlungen Schuldgefühle hat, kann man für das, was man getan hat, um Vergebung bitten.

F: Ich bin krank und glaube, dass mir die Ärzte nicht helfen können.

MM: Zunächst einmal lass den Gedanken los, dass du krank bist. Miss dem Kranksein keine Bedeutung bei und laufe nicht vor ihm davon. Versuche all das zu tun, was du auch sonst tust. Lass auch andere dich nicht dahingehend beeinflussen, dich krank zu fühlen. Manchmal vergrößern Menschen um uns herum ein Problem, weil sie auf irgendeinen Vorteil aus sind; oder sie sind eifersüchtig oder sie versuchen, dich über ihr Mitgefühl zu beherrschen. Sei daher wachsam und der Situation bewusst. Gib dich in die Hände des Göttlichen, bringe dem Göttlichen deine Krankheit dar und bitte auch um Kraft, damit du den Gedanken, krank zu sein, aufgeben kannst. Ich werde dir helfen.

F: Ich bin krank. Wann werde ich wieder in meinem normalen Zustand sein?

MM: Es ist besser zu denken, dass du normal und gesund bist. Führe ein normales Alltagsleben und arbeite. Wenn du dich von dem Gedanken lösen kannst, krank zu sein, wirst du deinen normalen Zustand wiedergewinnen. Habe einen starken Willen und bete dafür zu Gott. Ich werde dir helfen.

F: Ich bin an den Augen operiert worden und doch habe ich mein Augenlicht vollständig verloren. Jetzt lebe ich in Angst und Sorge.

MM: Mache dir keine Sorgen. Wenn du in Sorge lebst, verlierst du Seelenfrieden und Freude, und das bringt dir dein Augenlicht auch nicht zurück. Bete statt dessen zum Göttlichen, wachse in deinem Vertrauen auf das Göttliche, glaube an das Göttliche und wende deine Gedanken Ihm zu und bete zu Ihm um Hilfe. Du wirst das innere Sehen entdecken.

F: Krankenpflege und Krankenversorgung sind in Europa historisch stark christlich – in neuerer Zeit auch humanistisch – beeinflusst. Manche meinen, man solle generell jede Pflegepraxis meiden, die sich nicht an orthodox christlichen Grundsätzen ausrichtet; sie sei sogar ein Werk des Teufels, wenn sie nicht rein christlich gesehen werde. Was meinst Du dazu?

MM: Anderen zu helfen, wie es das Motiv des Christentums ist, ist ein großes und gutes Werk. Das Ziel ist gut.

F: Viele Krankenschwestern und andere in der Krankenversorgung Tätige, vor allem jene in den früheren kommunistischen Ländern Mittel- und Osteuropas, die gerade eine Umstrukturierung durchlaufen, fanden es aufgrund ihrer Vergangenheit sehr schwierig, wenn nicht sogar unmöglich, ihre tägliche Arbeit mit einer spirituellen Perspektive zu paaren, auch weil in dem politischen System, in dem sie lebten, jede Erwähnung von so etwas wie einem göttlichen Willen bei der Arbeit nicht geduldet war. Nun, da sich die alten Systeme auflösen, sind viele Krankenschwestern unsicher, was Ziel und Richtung ihrer Arbeit betrifft, und sie suchen erneut nach einem Sinn und Zweck in ihrer Arbeit. Welchen Rat kannst Du ihnen geben?

MM: Bewusst oder unbewusst glaubt jeder an die Existenz einer höheren Macht. So können die Menschen tief in ihrem Inneren beten; es ist nicht nötig, dass andere wissen, was sie tun.

F: Auch im Westen fühlen sich Krankenschwestern in neuerer Zeit immer mehr von jedem Gedanken an die spirituelle Basis ihres Dienstes abgeschnitten. Florence Nightingale, eine bekannte britische Krankenschwester, die, wie man sagt, die Grundlagen der modernen Krankenpflege schuf, baute vieles in ihrer Arbeit auf christlichen Prinzipien auf. Viele haben den Eindruck, dass diese in den letzten Jahrzehnten der Krankenpflege verlorengegangen sind. So wird z.B. heutzutage den Pflegern beigebracht, in den Patienten nicht viel mehr zu sehen als biologische Maschinen mit Krankheiten, die einer Behandlung bedürfen. Wenn Patienten religiöse Bedürfnisse haben, wird man als Krankenpfleger kaum dazu ermutigt, auf diese einzugehen, sondern eher, sie an einen Seelsorger zu verweisen. Es ist für Krankenschwestern sehr schwer geworden, auch nur das Wort Gott in ihrer beruflichen Praxis auszusprechen oder zu verstehen, wie sie sich vielleicht selbst von spirituellen Prinzipien leiten lassen könnten, anstatt von nur rein humanistischen. Wie denkst Du darüber?

MM: Was können Krankenschwestern, Pfarrer oder Ärzte tun, wenn die Patienten selbst keinen Glauben haben?

F: Enorm viele Krankenschwestern leiden unter dem extrem hohen Stress bei ihrer Arbeit. Viele haben stressbedingte Beschwerden und es gibt lange Krankheitsperioden oder krankheitsbedingte Fehlzeiten, sehr oft auch psychische Probleme bis hin zum Suizid. Glaubst Du, es würde diesen Menschen bei ihren Problemen helfen, wenn sie einen spirituellen Weg gingen?

MM: Natürlich treten die genannten Probleme auf, weil die Menschen zu wenig an Gott glauben. Wenn man voll auf Gott vertraut, nehmen die Probleme ab.

F: Muss man persönlich zu Dir kommen, um Hilfe zu erhalten? Wenn nicht – wie erlangen wir Deine Führung?

MM: Es ist nicht nötig, zu mir zu kommen. Die Menschen sollten dort bleiben, wo sie sind, und zu Gott beten bzw. ihrem jeweiligen Glauben folgen und Japa machen, das heißt, den Namen Gottes

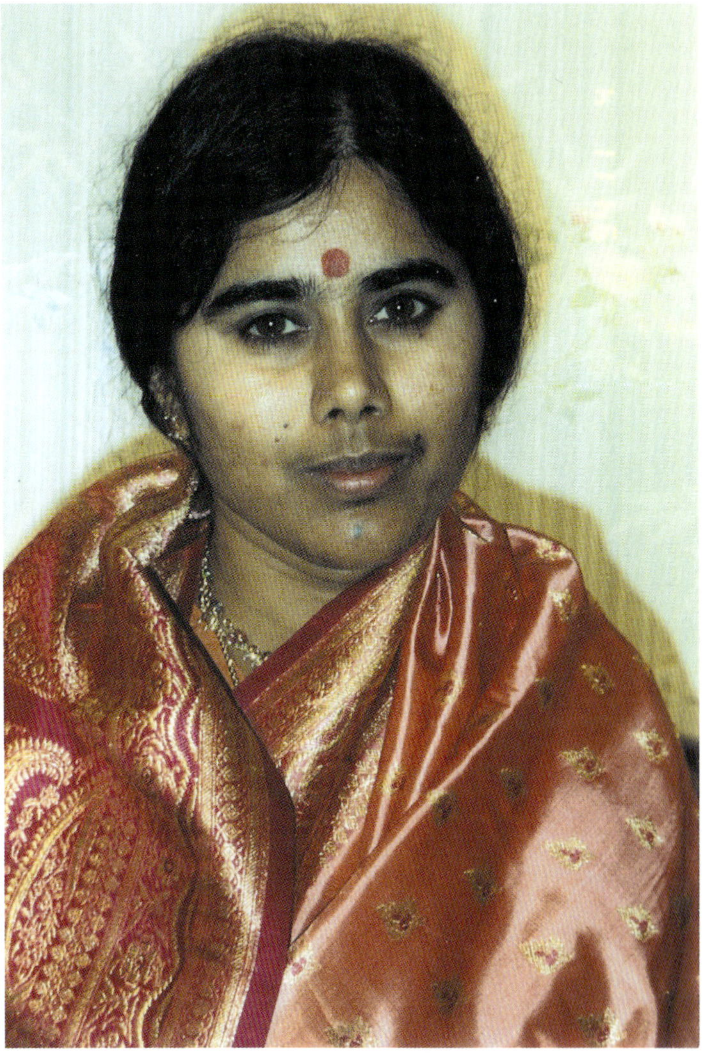

Thalheim, Deutschland 1994

aufrichtig und von Herzen wiederholen und um das bitten, was sie brauchen. Und ich werde ihnen helfen und sie führen.

F: Krankenschwestern haben täglich in gewaltigem Ausmaß mit menschlichem Leid und menschlichen Tragödien zu tun. Welchen Rat kannst Du uns geben für den Umgang mit den Leiden anderer?

MM: Sie können zu Gott beten und Gott um Hilfe bitten, dass Er das Leid und den Schmerz der Patienten wegnimmt.

F: Wie können wir verhindern, dass wir selbst, wenn wir das Leiden anderer mit ansehen, heruntergezogen werden und darunter leiden?

MM: Krankenschwestern oder Pfleger leisten einen Dienst an den Patienten. Es hilft keinem, sich mit deren Leiden zu identifizieren. Stattdessen können sie den Patienten von Herzen Mut zusprechen und für deren Genesung beten. Wenn möglich, können sie die Patienten durch ihr Mitgefühl trösten; das ist gut.

F: Florence Nightingale hat einmal gesagt, viele Leute glaubten, Krankenpflege sei die edelste Kunst, durch die ein Mensch seine Fürsorge und sein Mitgefühl einem anderen gegenüber ausdrücken könne. Liegt das einfach daran, dass manche Menschen fähiger sind, ihre Mitmenschen zu pflegen als andere? Siehst Du die Pflege als Teil eines größeren göttlichen Zwecks?

MM: Nicht alle sind zu diesem Dienst fähig. Manchen bringt es aus der Fassung, wenn er andere leiden sieht, und manche regen sich schon auf, wenn sie nur das Wort Krankenhaus hören und wollen nur möglichst weit davon weg sein. Es ist wahr, was Florence Nightingale sagt. Wer das Naturell des Pflegens hat kann diesen Dienst auch leisten.

F: Menschen in den Pflegeberufen ringen vielerorts mit ethischen Dilemmas, wobei es für sie schwer zu entscheiden ist, was richtig oder falsch ist. Wie können sie Führung erhalten in den schwierigen Fragen, denen sie im Alltag begegnen?

MM: Wir können nicht sagen, dies sei gut oder das sei schlecht, richtig oder falsch. Wir müssen den Umständen entsprechend handeln und alles Gott darbringen, sei es gut oder schlecht.

F: Viele in den Pflegeberufen sind von dem zunehmenden Wunsch nach Sterbehilfe betroffen. Manche Menschen bitten darum, dass man ihnen hilft, ihrem Leben ein Ende zu setzen, wenn sie alt und schwach werden oder eine Behinderung bekommen. Andere sehen es als richtig an, jemandem zu helfen, sein Leben zu beenden, der leidet oder Schmerzen hat. Wieder andere verweisen auf die hohen Kosten, die es verursacht, alle zu pflegen, die krank und behindert sind – es sei also billiger, wenn wir ihnen hülfen, früher zu sterben. In den Pflegeberufen hat man oft mit Menschen zu tun, die direkt von diesen Fragen betroffen sind. Welche Stellung sollten wir beziehen?

MM: Es ist immer am besten, wenn wir uns Gott überantworten und ansonsten unsere Pflicht erfüllen. Was immer wir tun, sei es gut oder schlecht – bringen wir es Gott dar und bitten Gott um Vergebung. Was immer die Fehler waren, die wir gemacht haben, wir sollten sie Gott darbringen. Das ist das Einzige, was uns schützen und bewahren wird.

F: Warum rätst Du den Menschen, einen Arzt aufzusuchen?

MM: Manche sage, sie haben Angst vor Ärzten, andere sagen, sie haben kein Vertrauen zu Ärzten, wieder andere wollen ihre Krankheit durch Meditation heilen. Aber das ist nicht der Weg, um eine Krankheit zu heilen. Ich rate den Menschen, einen Arzt aufzusuchen.

F: Geliebte Mutter, ist es gut oder falsch, Organe oder Teile des Körpers nach dem Tod zu spenden? Ich war immer der Auffassung, dass die Seele nach dem Tod den Körper verlässt. Aber nun sagte mir ein Freund, dass man seinen Weg nicht fortsetzen könne, solange noch Teile des Körpers in anderen Menschen verblieben. Könntest Du bitte Licht in diese Frage bringen?

MM: Auch wenn nach dem Tod einige Teile des Körpers entnommen und einem Lebenden eingepflanzt werden, bleibt die Seele vom Körper getrennt. Unter diesen Umständen besteht keine Beziehung mehr zwischen Körper und Seele.

F: Manche Menschen sind so krank, dass sie nur mit Hilfe medizinischer Geräte leben können. Mit diesen Geräten leben sie, ohne sie würden sie sterben.

MM: Wenn die betreffende Person bewusstlos ist, können die Familienangehörigen und der Arzt entscheiden, was zu tun sei. Ist die Person bei Bewusstsein, kann sie diese Entscheidung selbst übernehmen.

F: Ich habe ein Problem mit meinem Rücken, der besonders beim Gehen schmerzt. Die Ärzte schlagen verschiedene Behandlungsmöglichkeiten vor. Die einen möchten operieren, um den Grund herauszufinden. Die Chiropraktiker meinen, dass die Schmerzen nach dem

Einrenken aufhören werden. Welchen Rat soll ich befolgen?

MM: Wenn du Vertrauen zur chiropraktischen Behandlung hast, versuche es zuerst mit dieser. Wenn sie nicht hilft, kannst du dem Rat der Ärzte folgen.

F: Was hält die Mutter vom Ayurveda (altes medizinisches System in Indien)?

MM: Das Ayurveda-System verwendet hauptsächlich Pflanzen. In Indien ist es die Medizin der Armen. Hier ist es teuer und nur Leute, die Geld haben, können es sich leisten.

F: Ist es nötig, die Pulsdiagnose zu beherrschen?

MM: Nein.

అమ్మ

TOD UND SELBSTMORD

F: Was ist der Tod?

MM: Tod und Leben sind Gottes Schöpfung. Sie sind nicht voneinander zu trennen. In Wahrheit wird niemand geboren und niemand stirbt.

F: Stimmt es, dass man bei seinem Tod rein ist, wenn man sich Gott ergeben hat?

MM: Wenn die Hingabe vollkommen ist, wird man auch im Tod rein sein. Dann hat man zum Zeitpunkt des Todes überhaupt keinen Wunsch mehr.

F: Was geschieht nach dem Tod?

MM: Die Menschen hängen so sehr an ihrer Familie, an den Freunden und dem materiellen Leben. Wenn die Seele diese Bindung hat, wird sie noch eine Weile hier bleiben. Seelen, die ungebunden sind, verlassen diese irdische Ebene.

F: Die meisten Religionen sagen, dass Selbstmord ein Fehler, ja eine Sünde sei, oder dass er für das nächste Leben schlechtes Karma schaffe. In manchen Fällen werden die Menschen am Ende ihres Lebens von unheilbaren Krankheiten oder schweren Schmerzen und Nöten gequält, wie AIDS oder Krebs. Viele infizieren sich heutzutage mit AIDS, und viele, die an AIDS leiden, begehen Selbstmord. Darf ich Deine Meinung dazu hören?

MM: Selbstmord wird aus verschiedenen Gründen begangen. Die Menschen verzweifeln, wenn nicht genug Liebe da ist oder sie in einer Liebesbeziehung betrogen werden; oder wenn ein Geschäftspartner den anderen betrogen hat oder es einen Bankrott gibt, oder wegen eines sonstigen Verlustes, manchmal wegen einer Krankheit und manchmal auch nur wegen der Nichterfüllung eines Wunsches. Es ist nicht gut, Selbstmord zu begehen, um Problemen zu entfliehen. Diese lassen sich durch Beten zu Gott lösen. Wir müssen unsere Probleme lösen, solange wir leben. Nach unserem Tod können wir sie nicht mehr lösen.

F: Manche Menschen sterben bei Unfällen, wie Flugzeugabstürzen und anderen unerwarteten Ereignissen. Was geschieht mit ihnen?

MM: Menschen, die bei Unfällen sterben, wissen nicht, dass sie so sterben werden, aber Gott bzw. Paramatman, der ihr Schicksal kennt, weiß es. So nimmt Er sie in Sein herrliches Licht auf. Gott allein wird für sie sorgen. Trotzdem können wir für sie beten und auch Gott bitten, ihnen zu helfen. Gott ist der einzige Retter.

F: Ein 1915 veröffentlichtes Buch, das einem Medium von einem Geistwesen diktiert wurde (von jemandem, der 1913 gestorben war), beschreibt eine Schlachtszene im Ersten Weltkrieg, bei der die Seelen der gefallenen Soldaten verwirrt waren und nicht wussten, wohin sie sich nach dem Tod wenden sollten.

MM: Die Menschen glauben weniger an Gott, und wenn sie solche Bücher lesen, werden ihre Zweifel noch größer. Ungeachtet aller Zweifel im Leben weiß die Seele nach dem Tod, wo sie hin soll, weil das Göttliche sich ihrer annimmt.

F: Was geschieht mit unseren Eigenschaften nach dem Tod?

MM: Es gibt für die verschiedenen Eigenschaften verschiedene Ebenen. Jede Eigenschaft geht zu ihrer Ebene.

F: Was geschieht mit den Seelen der Menschen, die sich das Leben nehmen, sei es wegen großen emotionalen oder psychischen Leides, zum Beispiel bei einer Depression, oder wegen sehr großer körperlicher Schmerzen, wie bei Patienten im Endstadium einer Krankheit? Finden solche Seelen, die in ihrem Leben so sehr gelitten haben, nach ihrem Tode Frieden in Gottes Gegenwart und Licht oder bewohnen diese Seelen irgendeine andere Welt, getrennt von Gott?

MM: Für den Selbstmord gibt es verschiedene Ursachen und Motive. Wenn du krank bist und keiner da ist, der sich um dich kümmert, und du begehst dann Selbstmord, ist das etwas anderes als wenn du mit deinem Geschäft Bankrott machst und dich dann umbringst. Manche meinen, die Welt sei schlecht und sie könnten sich dem Kampf mit ihr nicht stellen, deshalb möchten sie ihr eigenes Dasein beenden und ihren Körper verlassen. Aber mit dem Ende ihres Körpers endet ihr Kummer nicht. Er setzt sich nach ihrem Tod fort, und so finden sie nach dem Tod keinen Frieden.

F: Was geschieht, wenn einer Deiner Devotees am Ende seines Lebens beim Verlassen des Körpers nicht mehr an Dich denkt?

MM: Wenn er ein wirklicher Devotee ist, kann es nicht sein, dass er mich vergisst.

F: Ist es möglich, dass ein Mensch nach dem Tod noch einmal ins Leben zurückkehrt und dann über sein Erlebnis schreibt?

MM: Nein. Wenn jemand stirbt, kann er nicht mehr zurückkehren. Meist wird hier eine Vision mit der Wirklichkeit verwechselt. Wenn man bewusstlos ist, kann man möglicherweise dem Tod in einer

Vision begegnen. Nach der Rückkehr zum Bewusstsein stellt man die Vision als wirkliches Erleben dar.

F: Mein Hund ist gestorben. Wo geht er jetzt hin? Ich habe sechzehn Jahre mit ihm gelebt.

MM: Er geht zu Gott.

F: Ich leide an Krebs. Wohin gehe ich, wenn ich sterbe?

MM: Zu Gott.

F: Oft begehen Menschen, die sehr krank sind, Selbstmord, weil sie denken, dass es nie mehr mit ihnen besser werden wird, und sie nicht den Rest des Lebens mit ihren Schmerzen leben wollen. Manche sagen, das sei falsch, andere akzeptieren es. Darf ich Deine Meinung wissen, Mutter?

MM: Wenn sich einer das Leben nimmt, der gesund ist und nur äußeren Problemen entfliehen will, so ist das schlecht. Dagegen ist es bei jemandem, der krank ist und Schmerz und Leid nicht ein Leben lang ertragen kann, weniger schlimm. Wenn solche Menschen aber jemanden haben, der sich mit Liebe und Zuneigung um sie kümmert, denken sie gar nicht ans Sterben, weil sie die Sicherheit haben, dass jemand da ist, der sie liebt. Dann glauben sie, dass sie die Schmerzen um der Liebe willen ertragen können und für ihre Lieben weiterleben können. Und so ist es gut.

F: In den Krankenhäusern bekommen Patienten, die bald sterben werden, hochdosierte Beruhigungsmittel. Ist es wichtig, bei klarem Bewusstsein zu bleiben, oder ist es besser, die Beruhigungsmittel zu bekommen?

MM: Wir können das System nicht ändern. Es ist sinnvoller, zu Gott für den friedvollen Tod des Patienten zu beten.

అమ్మ

ARBEIT

F: Mein Mann schreibt für eine Zeitschrift. Wenn der Markt sich nicht verbessert, wird er seinen Job verlieren. Gerade läuft die letzte Frist ab. Bitte hilf ihm, Mutter, sonst geraten wir in große finanzielle Schwierigkeiten und stehen vor dem Nichts.

MM: Vertraue auf das Göttliche und bete zu Gott. Ich werde helfen.

> (Adilakshmi:) Die Frau rief nach einer Woche wieder an. Sie sagte voller Dank, die Mutter habe geholfen und ein Wunder sei geschehen, ihr Mann habe immer noch seine Arbeitsstelle.

F: Können wir bei Geldproblemen auf göttliche Hilfe hoffen, zum Beispiel wenn die Miete, das Studium der Kinder oder unsere eigene berufliche Fortbildung bezahlt werden muss?

MM: Wenn dir ein Job angeboten wird, nimm ihn an und probiere ihn aus, egal ob er dir gefällt oder nicht. Denn dann ist schon ein Wunder passiert. Wenn du dagegen zu Hause sitzt und meditierst, ohne zu versuchen, Arbeit zu finden, und auf ein Wunder wartest, wird dieses Wunder nie geschehen. Es ist besser, das, was auf uns zukommt, anzunehmen und in die Praxis umzusetzen – so geschehen Wunder.

F: Ich habe genug Geld und brauche nicht zu arbeiten. Was soll ich tun?

MM: Arbeit ist notwendig. Um den physischen Körper zu erhalten, muss es ein bestimmtes Maß an physischer Tätigkeit geben. Ohne körperliche Betätigung wird der Körper schwach und anfällig für Krankheiten.

F: Ich habe in meinem Job ein Problem und möchte deshalb einen anderen Job annehmen. Wirst du mir helfen?

MM: Probleme gibt es überall, dem entgeht man nicht. Es ist besser, wenn du bei deinem Job bleibst. Versuche, einen harmonischen, freundlichen und liebevollen Umgang mit den anderen zu pflegen, und bete zu Gott, dass Er das Problem auflöst, und mache auch Japa. Ich werde dir helfen.

F: Welches ist die beste Einstellung zur Arbeit?

MM:. Am besten wäre es, wenn du mit Liebe und nicht auf mechanische Weise arbeitetest und anderen dientest.

F: Ich bin Journalist und kann meine Arbeit mit dem spirituellen Leben schwer in Einklang bringen. Was soll ich tun?

MM: Betreibe den Journalismus mit dem Verstand und das spirituelle Leben mit dem Herzen.

F: Mutter, ich verkaufe Alkohol. Stimmt es, dass ich mir mit dieser Arbeit schlechtes Karma auflade?

MM: Wenn wir darüber grübeln, ob diese Arbeit etwas Gutes sei oder jene etwas Schlechtes, können wir in diesem Leben überhaupt nichts zustande bringen.

F: Ich bin mit einem Rechtsstreit befasst, bei dem ein großes Unternehmen einen Vertrag mit der Regierung hat. Das Unternehmen hat den Vertrag nicht eingehalten. Wenn es den Streit verlöre, wären viele Angestellte betroffen, die vielleicht ihre Arbeit verlieren und deren Familien dann leiden würden. Wie sollte man am besten handeln?

MM: Heutzutage sind die Menschen nicht ehrlich und wahrhaftig. Das wird jeden Tag schlimmer. Es ist besser, dem Unredlichen Einhalt zu gebieten. Ehrlichkeit und Wahrhaftigkeit sind hohe Werte.

F: Ich möchte eine neue Arbeit haben. Soll ich die alte aufgeben?

MM: Suche dir zuerst eine neue Arbeit; wenn du überzeugt bist, dass sie dir liegt, gib die alte auf.

F: Ich habe nicht genug zum Leben. Ich bin Heiler und Astrologe.

MM: Hast du noch andere berufliche Qualifikationen?

F: Ja, ich bin Lehrer.

MM: Versuche in deinem Fachgebiet eine Arbeit zu finden, und wenn du freie Zeit hast, kannst du die beiden anderen Dinge betreiben. Zuerst musst du einen Hauptberuf haben. Astrologie und Heilen sollten für dich Nebentätigkeiten sein.

F: Heiler haben mir gesagt, meine Hände würden sich fürs Heilen eignen. Deshalb möchte ich lieber heilen als in meinem Beruf arbeiten.

MM: Wenn du Zeit hast, kannst du als Hobby heilen, aber bleibe besser bei deinem Beruf.

F: Ich habe ein Haus gekauft und möchte jetzt meinen Job wechseln.

MM: Wechsle deinen Job nicht, mach' ihn weiter.

F: Ich habe als Anwalt einen Fall übernommen, weniger zu meinem eigenen Gewinn, sondern um einem Freund zu helfen. Und nun habe ich von Anfang an Probleme damit. Im Verlauf des Prozesses habe ich oft versucht, mir über mich selbst klar zu werden, meine eigenen Fehler zu sehen. Es ist schwierig, diesen Fall voranzubringen und meinen Freund zu verteidigen. Welche Haltung sollte ich einnehmen, wie sollte ich mit dem Fall umgehen?

MM: Als Anwalt solltest du dich nicht persönlich in den Fall hineinziehen lassen. Wenn du dich darin verwickelst, kommst du damit nicht voran und kannst nicht als Anwalt fungieren. Lass dich selbst aus dem Spiel und versuche, deinen Klienten zu verteidigen. Was deine persönliche Entwicklung angeht, ist es allerdings gut, dir deiner Fehler bewusst zu werden. Versuche, sie abzulegen, bringe sie Gott dar, übergib dich dem Göttlichen und bitte um Hilfe, Gutes tun zu können.

F: Hier handelt es sich um einen Fall, bei dem der Leiter einer Gemeinschaft andere sexuell missbraucht und verführt hat. Was meinst Du dazu?

MM: Ich glaube, dass der Fehler nicht nur auf einer, sondern auf beiden Seiten liegt. Wenn es sich um Kindesmissbrauch handelte, würde ich zustimmen; dann hätte der Anführer die Kinder gezwungen und die Schuld wäre nur auf einer Seite. Aber hier ist es nicht so. Er hat niemanden gezwungen. Sie sind alle erwachsen und alle wussten, was sie wollten. In dieser Situation verführen beide Seiten. Er hat zwar Macht, aber die andere Seite will auch Macht haben. So spielen beide das gleiche Spiel. Wir können nicht nur einem die Schuld geben.

F: Sie sagen, er hätte sie getäuscht.

MM: In diesem Fall kommt es ganz auf die Gefühlsebene an. Beide Seiten wollten sich ihre Wünsche erfüllen. Als eine Frau, die darin verwickelt war, erfuhr, dass es vor ihr schon andere gegeben hatte, gab es den Zusammenbruch. Solange die Frauen nicht wussten, was vor ihnen schon mit anderen geschehen war, fühlten sie sich sicher und gut. Erst als sie erkannten, dass das Gleiche auch anderen widerfahren war, entstand das Problem. Deshalb kann man nicht nur dem Leiter die Schuld geben.

F: Wie sollte ich mit schlechten Menschen zusammenarbeiten? Welche Einstellung sollte ich zu ihnen haben?

MM: Begegne ihnen in der Arbeit mit offenem Geist, aber denke nicht, dass sie schlecht seien. Liebe sie und versuche, ihnen zu helfen, sich zu ändern, doch ohne den Dualismus von gut und böse. Es gibt keine absolut guten oder absolut schlechten Menschen.

F: Ich studiere Politik und möchte in der Unternehmensführung arbeiten, hege aber Zweifel, ob ich das tun soll.

MM: Hege keine Zweifel. Wenn dich diese Arbeit interessiert, dann probiere sie aus. Ich werde dir helfen.

(Adilakshmi:) Mit seinem Vertrauen zur Mutter ist er heute ein sehr erfolgreicher Geschäftsmann.

F: Ich habe die Gelegenheit, in einer Schule Kunst zu unterrichten. Kann ich diesen Beruf ausüben?

MM: Wenn du die Befähigung dazu hast, dann kannst du es tun.

F: Ich bin Schauspieler, aber kein sehr erfolgreicher.

MM: Wenn du auf der Bühne bist, identifiziere dich mit der Rolle, die du spielst. Beginne und beende deine Arbeit mit einem Gebet und der Darbringung deiner Arbeit an Gott.

అమ్మ

ERNÄHRUNG

F: Mutter, sollte man sich vegetarisch ernähren?

MM: Vegetarisch oder nicht-vegetarisch, das ist nur eine Gewohnheit, je nach dem familiären oder gesellschaftlichen Hintergrund.

F: Bist Du Vegetarierin?

MM: Ja. Aber die Menschen sollen sich nicht nach dem richten, was ich esse, sondern ihren eigenen Gewohnheiten, Bräuchen und Sitten folgen. Sie können nicht-vegetarische Speisen essen.

F: Ich habe gelesen, wie du ein sterbendes Kätzchen tröstetest; das hat mich berührt. Gleichzeitig schockiert es mich, wenn ich in den Zeitungen lese, dass in Holland jährlich sechzig Millionen männliche Küken getötet werden, weil sie wirtschaftlich uninteressant sind. Wie kann man dem am besten Einhalt gebieten? Indem man keine Hähnchen mehr isst, die Gesetze ändert oder betet?

MM: Es gibt vieles, was wir nicht ändern können. Es ist eine Gewohnheit, keine Sünde.

F: Ich esse immer zuviel. Könntest du mir bitte helfen?

MM: Man muss Selbstbeherrschung haben.

F: Ist es gut, Fleisch zu essen?

MM: Solange du darauf Appetit hast und dein Körper es verdauen kann, kannst du Fleisch essen.

F: Warum sagst du, ich könne Fleisch essen, solange ich es verdauen kann? Meine Großmutter ist neunzig und sie isst auch jetzt noch Fleisch und verdaut es.

MM: Macht deine Großmutter Yoga?

F: Als sie jung war, ging sie in die Kirche; das ist alles.

MM: Dann stellt sich ja für sie die Frage nicht.

F: Ich habe gehört, dass in Indien Brahmanen und Vaisyas kein Fleisch essen.

MM: Auch in Brahmanen- und Vaisya-Familien essen manche Fleisch, während in Kshatriya- und Sudra-Familien manche kein Fleisch essen. Ob einer Fleisch isst oder nicht, hängt vom einzelnen ab, nicht von der Kaste.

అమ్మ

DIE WELT

F: Ich habe gelesen, dass es Deine Mission sei, das Paramatman-Licht herabzubringen. Dennoch sehe ich um uns und in den Menschen böse Kräfte am Werk, die schreckliche Dinge tun, morden und vergewaltigen, so wie es jetzt in Bosnien geschieht. Wäre der Zustand der Welt ohne Dein Wirken noch schlimmer, oder zählt nur das spirituelle Ergebnis und nicht das physische in der sichtbaren Welt?

MM: Das Licht hilft in den großen Krisen der Welt. Sonst wären die bösen Kräfte noch gefährlicher.

F: Wir leben in einer gefährlichen Zeit. Was ist Deine Sicht?

MM: Gefahr besteht, aber sie sollte nicht betont werden. Wenn du das tust, werden die Menschen unruhig, niedergeschlagen und hysterisch. Es ist besser, wenn sie ruhig bleiben, beten und Japa machen. Nur dadurch wird die Welt von Gefahr und Krisen befreit.

F: Obwohl das Licht herabkommt, gibt es immer noch Leid auf der Erde. Wird es sich wandeln?

MM: Wandel findet immer statt. So wurde die Berliner Mauer abgerissen, Schwarze und Weiße sind an einem Arbeitsplatz zusammen, die Hochtechnologie ist entstanden, usw.

F: Ist es möglich, die Zustände auf der Welt zu verändern?

MM: Die Unternehmen und die Regierungen sollten mithelfen, die Zustände auf der Welt zu verändern.

F: Wie kann das geschehen?

MM: Durch Beten.

F: Einer Deiner Devotees betont laufend, dass überall auf der Welt Katastrophen, Schmerz und Leid herrschten. Wenn man seine Reden hört, traut man sich kaum, zu Dir zu kommen. Aber wenn man Dich dann hier erlebt, ist alles ganz anders. Warum spricht er so?

MM: Er projiziert die Erfahrung, die er selbst im Leben gemacht hat; es ist die Erfahrung, die er kennt. Ich habe ihm oft gesagt, dass es nicht nötig ist, über Leiden zum Göttlichen zu kommen. Aber es ist schwer für ihn, das abzulegen.

F: Ich hätte gerne Mutters Hilfe für den Weltfrieden. Ich brauche dafür finanzielle Mittel.

MM: Wenn du den Weltfrieden willst, dann bete zu Gott bzw. zum Göttlichen um Frieden. Wenn du für dein Geschäft Hilfe brauchst, werde ich dir helfen.

F: Du hast gesagt, wir leben in einer entscheidenden Phase für die Erde. Ist sie entscheidend, weil vielleicht große Katastrophen bevorstehen oder weil in unserer spirituellen Entwicklung größere Schritte nach vorn möglich sind?

MM: Viele Katastrophen haben schon stattgefunden. Das liegt zum Teil an der Unkenntnis des Menschen über die globalen Auswirkungen seiner Erfindungen. Der Mensch sollte seine ganze Konzentration auf seine Vervollkommnung richten, und nicht auf seine Zerstörung. Wonach die Menschen streben, sind lediglich Macht und Geld, nichts weiter. Menschliche Werte haben einen Tiefstand erreicht. Der Mensch muss einen Wertewandel herbeiführen und das Niveau von Moral und Ethik wieder anheben. Dann wird die Gefahr von Katastrophen geringer sein. Das Beste und Wichtigste ist, sich dem Göttlichen zuzuwenden.

F: Man spricht davon, dass es 1998 oder schon vorher einen Dritten Weltkrieg geben soll, in dem zwei Drittel der Weltbevölkerung ausgelöscht und viele Nationen durch Atom-, Wasserstoff- und chemische Bomben vernichtet werden. Nach 2000 soll dann Frieden herrschen, aber es soll weitere Zerstörungen durch Erdbeben, Stürme, Feuer usw. geben. Was hältst Du von diesen Vorhersagen?

MM: Es ist besser, positiv zu denken, statt negativ.

F: Falls all dies eintreten sollte, wie könnten die Menschen Vorkehrungen treffen, um zu überleben?

MM: Versucht euch, unter allen Bedingungen, an das Göttliche zu erinnern.

F: Ich habe in Vorträgen darüber gesprochen, dass die Verschmutzung unseres Planeten nicht weitergehen dürfe. Ich versuche den Menschen klar zu machen, dass sie falsch leben. Dein Wirken zielt auf die rasche Umwandlung dieses Planeten. Ist diese Transformation möglich ohne das aktive Zutun der Menschen oder müssen wir erst eine Umweltkatastrophe erleben, z. B. einen Klimawechsel oder die Überschwemmung der Küsten, bevor die Menschen demütiger werden und sich der göttlichen Inspiration öffnen?

MM: Umweltverschmutzung besteht bereits. Die Menschen brauchen einen starken Willen zur Veränderung, und das wichtigste Mittel hierfür ist das Gebet.

అమ్మ

INDIEN

F: Man sagt, dass Indien in spiritueller Hinsicht die Welt führe.

MM: Ja, das ist so.

F: Die Inder sind nicht bescheiden, nicht ehrlich, und viele sind auch nicht spirituell. Für die meisten ist das irdische, materielle Leben wichtiger.

MM: Indiens Mutter Erde (Bhumata) ist spirituell, aber viele der Menschen, die heute in Indien leben, sind es nicht.

F: Sind die Inder spirituell fortgeschrittener als die Menschen im Westen?

MM: Nein.

> (Adilakshmi:) Als ich 1992 Indien besuchte, herrschte eine Dürre, die Erde hatte tiefe Risse. Ich war unglücklich und das Herz war mir schwer, Mutter Erde in diesem Zustand zu sehen. Ich rief die Mutter an, um sie um Regen zu bitten:

MM: Die Menschheit ist in einem Zustand, der für Mutter Erde erdrückend schwer zu ertragen ist.

Adilakshmi: Auch wenn die Menschen so sind, Mutter, hilf bitte der Erde. Es bedrückt mich, Mutter Erde in diesem Zustand zu sehen.

(Adilakshmi:) Die Mutter schwieg am Telefon. Schweigen ist eines Ihrer Zeichen der Hilfe. Kaum hatte ich den Hörer aufgelegt, da begann es kräftig zu regnen.

F: In der indischen Philosophie heißt es, dass es vier Yugas (Zeitalter) gäbe: Krita Yuga, Treta Yuga, Dwapara Yuga und Kali Yuga. Existieren diese wirklich?

MM: Nein. Es ist genauso wie mit den Tages-, Wochen- oder Monatsnamen.

F: Im Ramayana steht, dass Sri Rama zwei Brüder hatte, Lakshmana und Bharata, die beide für ihn ihr Leben opferten. Worin unterscheiden sich die zwei?

MM: Bharata hatte große Sehnsucht nach Sri Rama und liebte ihn sehr. Während dessen Abwesenheit herrschte er selbstlos über das Land. Er verehrte seinen Bruder mit großer Hingabe und auch dessen Shakti. Lakshmana hingegen war bei Sri Rama, er befand sich also in der Gegenwart von dessen Shakti. So gesehen ist Bharata größer als Lakshmana.

F: Ich lebe im Augenblick in Europa und meine Freunde wollen Indien besuchen. Ich befürchte, dass sie mit Idealvorstellungen von der Schönheit dieses Landes hinfahren werden, die alle erschüttert werden, wenn sie die Inder erleben. Ist Indien wirklich spirituell?

MM: Die Erde selbst (Bhumata) zeigt Größe; das Land besitzt Größe. Diese Größe ist aber im Innern der Erde verborgen, sie ist nicht außen in den Menschen erkennbar.

F: Sollte der Vergangenheit, d.h. der Zeit der Veden, so viel Aufmerksamkeit geschenkt werden?

MM: Nein.

అమ్మ

ALLGEMEINES

F: Welchen allgemeinen Rat gibt die Mutter den Menschen?

MM: Die Menschen sollen ein normales Leben führen; sie sollen normal arbeiten und den Bedürftigen helfen.

F: Ich bin jetzt sechzig Jahre alt und habe seit meiner Kindheit Angst vor der Dunkelheit. Was soll ich tun?

MM: Glaube an Gott, und das Licht wird dich schützen, retten und dir helfen.

F: Ich bezweifle sehr den Nutzen von Kernkraft für unsere Gesellschaft. Glaubst Du, dass unsere Gesellschaft dafür reif ist? Und wie können wir mit den Gefahren radioaktiver Strahlung umgehen, da radioaktiver Müll auf der ganzen Welt bereits in großem Umfang erzeugt wurde und wird?

MM: Die Kernkraft ist eine Schöpfung des Menschen, und er muss mit den Früchten seines Handelns zurechtkommen. Der Mensch muss sich bei seinen Erfindungen im klaren sein, welche globalen Auswirkungen sie haben. Was immer er ersinnt, es sollte vielmehr konstruktiv als destruktiv sein. Kernkraft ist gefährlich.

F: Gibt es menschliches Leben oder eine ähnlich entwickelte Lebensstruktur auf anderen Planeten im Kosmos, oder hat es sie früher gegeben? Haben sich vergangene Kulturen selbst ausgelöscht, ohne eine Spur ihrer Existenz zu hinterlassen?

MM: Es gibt Wesen auf den anderen Planeten, aber sie ähneln den Menschen nicht.

F: Haben andere Wesen von Anfang an auf anderen Planeten existiert, und sind sie auch jetzt noch dort?

MM: Ja.

F: Ich habe ein Projekt, um Menschen zu helfen. Würdest Du ihm bitte einen Namen geben?

Adilakshmi: Die Mutter gibt im allgemeinen nicht gern Namen. Du kannst es nennen, wie du möchtest; die Mutter wird es segnen.

F: Mein Gefühl ist, dass wir uns wieder dem Wirken der vielen spirituellen Wesen in der Natur öffnen und ihnen Achtung entgegenbringen sollten – den Engeln, den Berggeistern, den Flussgöttinnen, den Nymphen, Elfen und Gnomen. Wir sollten den täglichen Kontakt mit diesen Wesen wiederherstellen und lernen, mit ihnen zusammenzuarbeiten. Stimmst Du dem zu, und wenn ja, wie können wir das fördern?

MM: Beten ist die einzige Lösung. Durch Beten wird alles, was gut ist, erreicht.

F: Jemand hat mir gesagt, in meinem Wohnzimmer wirke eine böse Kraft. Ihretwegen hätte ich Unglück und könne nicht schlafen. Was kann ich tun?

MM: Es ist nicht wahr. Sorge dich nicht. Ich werde dir helfen.

F: Ich höre Stimmen und habe auch Visionen. Ist es gut, mich bei meinem Handeln nach ihnen zu richten?

MM: Nein. Es ist besser, mit dem gesunden Menschenverstand zu handeln und ein praktisches und normales Leben zu führen.

F: Was hältst du von Mutter Teresa?

MM: Sie ist eine große Heilige.

F: Hat Präsident Clinton mehr Paramatman-Licht als irgendein Betrunkener?

MM: Die Leute haben ihn gewählt, sie wollten, dass er regiert; und er versucht dies so gut wie möglich zu tun. In diesem Fall ist es keine Frage von mehr oder weniger Licht.

F: Ist auch in einem Trinker oder in jemandem mit schlechten Gewohnheiten Licht?

MM: Wenn Leute rauchen oder trinken, dann ist das wegen des Geruchs unangenehm für andere; aber auch in ihnen ist Licht.

F: Ist es gut, mit ihnen nachsichtig zu sein?

MM: Ja. Gott gibt ihnen immer eine Chance, sich zu ändern.

F: Und wenn sie sich nicht ändern, gibt Gott ihnen dann noch einmal eine Chance?

MM: Ja, Gott gibt viele Chancen, und Gott wartet.

F: Warum gibt Gott Chancen?

MM: Nehmen wir an, jemand hat getrunken, kommt dann zu Verstand und erkennt und bereut, dass er einen Fehler gemacht hat und bittet Gott, ihm zu vergeben. Dann gibt ihm Gott eine neue Chance. Aber dann trinkt er wieder und fügt seiner Frau oder seiner Familie Leid zu. Schließlich bestraft Gott ihn. Aber auch dann hat er noch die Chance, sich zu ändern. Die Familie oder seine Freunde können für ihn beten und Gott bitten, ihm zu helfen.

F: Was passiert, wenn er sich nicht ändern kann und weiter trinkt?

MM: Dann gibt ihm Gott eine letzte Chance, und wenn er sich nicht ändert, kommt die Strafe.

F: Ist in Deutschland eine andere spirituelle Atmosphäre als in Amerika?

MM: Jedes Land hat seine eigene spirituelle Atmosphäre. Sogar Thalheim ist anders als Limburg und Limburg anders als Frankfurt. In Amerika ist das genauso.

F: Ist es so wie mit den unterschiedlichen spirituellen Wegen, die die Menschen gehen?

MM: Ja. Jeder hat seinen eigenen Weg.

F: Ich möchte meinen Namen ändern. Kannst Du mir einen neuen Namen geben?

MM: Es besteht keine Notwendigkeit, deinen Namen zu ändern. Ändere dich selbst, in deinem Innern; das ist wichtig.

F: Es gibt viele neue Entwicklungen in den Biowissenschaften, zum Beispiel in der Molekularbiologie, beim genetischen Fingerabdruck usw.. Wie denkst Du über die mögliche Schaffung alternativer Lebensformen?

MM: In allen Dingen sollte es Ausgewogenheit geben. Hier besteht eine Unausgewogenheit.

F: Wenn ein Tier stirbt, sagen wir eine Katze, kommt es dann als Katze oder als Mensch wieder zurück?

MM: Es wird wieder als Katze geboren.

F: Nie als Mensch?

MM: Das braucht Zeit.

F: Wird der Mensch immer das Höchste in Gottes Schöpfung sein?

MM: Ja, immer.

F: Ich mag keine Rockmusik, aber mein Freund spielt sie gern. Ist sie gut?

MM: Wenn er sie mag, kann er sie spielen.

F: Wie ruht man sich am besten aus?

MM: Sei friedvoll und gönne dir einen guten Schlaf.

F: Heutzutage ist eine respektlose Behandlung der Eltern durch ihre Kinder weit verbreitet. Wer hat schuld?

MM: Wenn du deine Eltern respektlos behandelst, dann schau in dich und nicht auf sie.

F: Ich möchte anderen helfen. Was soll ich tun?

MM: Zuerst gehe tief in dich selbst hinein und sei friedvoll und glücklich.

F: Wie geht man am besten tief in sich selbst hinein?

MM: Du solltest dich deinem Alter gemäß von weltlichen Aktivitäten lösen und darum beten. Im vorgerückten Alter ist es besser, sich nicht mehr auf weltliche Tätigkeiten zu konzentrieren.

F: Mein Mann ist 1949 während eines Flugeinsatzes verschwunden. Es wurde kein Absturz gemeldet. Ich glaube, dass er lebt. Möglicherweise ist er in eine andere Dimension verschwunden, vielleicht in eine andere Welt.

MM: Wenn er lebt, muss er auf der Erde sein. In andere Welten kann ein Mensch mit einem physischen Körper nicht gelangen.

F: Unsere Herzen sind bei Dir und wir möchten Dich ständig besuchen kommen. Was sollen wir tun?

MM: Wenn die Herzen hier sind, können die Körper kommen.

F: Hast du Probleme mit den Deutschen?

MM: Nein. Ich habe mit niemandem Probleme. Wenn die Leute hierher zu Besuch kommen und für ihre Unterbringung bezahlen, sind die Einheimischen dankbar für meine Anwesenheit.

F: Mutter, ich bin oft mit einem bestimmten Wunsch hierher gekommen, aber er wurde nicht erfüllt. Warum?

MM: Du bist mit zu großer Erwartung gekommen, deshalb wurde er nicht erfüllt.

F: Ich glaube, ich kann Licht schenken, das andere Menschen verändert.

MM: Du kannst durch deine Redegewandheit das Denken anderer Menschen beeinflussen, aber du kannst nicht ihr spirituelles Leben verändern. Du kannst ihre spirituelle Entwicklung nicht fördern, wohl aber kannst du ihre Haltung zu spirituellem Wachstum beeinflussen. Aufgrund deiner Fähigkeiten wirkst du hauptsächlich auf die mentale Ebene ein.

F: Im Januar 1995 wird es in Kalifornien eine Katastrophe geben; die Leute bereiten sich schon darauf vor.

MM: Es ist besser, zu Gott oder zum Göttlichen zu beten, dass es keine Katastrophe geben möge. Es wäre besser, wenn die Leute nicht solche Dinge verbreiten würden.

F: Was ist Deine Meinung über Schriftsteller?

MM: Im Altertum schrieben Schriftsteller über eigene Erfahrungen aus unmittelbarer Einsicht und Inspiration heraus; sie widmeten sich ihrer Arbeit mit Hingabe und großer Disziplin als einer Art Tapasya (strenge Yogadisziplin). Wenn sie über heilige Orte schreiben wollten, besuchten sie diese zu Fuß und bestanden viele Gefahren, bevor sie ihr Ziel erreichten. Sie brauchten mehr Zeit und mussten viele Schwierigkeiten überwinden, weil sie nicht die Fortbewegungsmöglichkeiten hatten, die es heute gibt. Deshalb werden ihre Schriften auch nach Jahrhunderten noch geehrt. Heute dagegen besteht die Tendenz, ohne eigene Erfahrung zu schreiben. Das Leben und das Reisen ist heutzutage für die Menschen leicht; es ist mit keinen großen Mühen verbunden, heilige Orte zu besuchen. Das Schreiben ist zur Mode geworden, die so oft wechselt, dass es keine tiefere Wertschätzung mehr gibt. Solche Schriften überleben sich daher rasch. Heute liest man dies und morgen sucht man nach etwas anderem.

(Adilakshmi:) Einmal kam ein Mann und sagte, er wolle über die Mutter ein Buch schreiben. Ich fragte die Mutter, wie er wohl dazu komme. Sie fragte: „Wie oft ist er zum Darshan da gewesen?" Als ich antwortete, vier oder fünf Mal, sagte die Mutter: „Wie kann er ein Buch über mich schreiben, wenn er so wenig Zeit seines Lebens darauf verwendet hat, das Göttliche zu suchen?" Ich sagte ihm dann: „Selbst Leute, die zwanzig oder dreißig Jahre bei einem Meister oder Guru gelebt haben, sind sehr zurückhaltend damit, über ihren Meister zu schreiben. Glauben Sie wirklich, nach einer so kurzen Zeit ein Buch schreiben zu können?"

F: Was hat es mit Musik auf sich?

MM: Wenn wir die wahre Tiefe der Musik zum Ausdruck bringen wollen, müssen wir uns in sie hineinsinken lassen. Geh ganz nach innen, um wirkliche Musik hervorzubringen. Echte Musik kommt tief von innen.

F: Ist es nötig, täglich Gandharva Veda Musik zu hören?

MM: Nein. Sofern du aber Zeit und Interesse hast, kannst du sie genießen.

F: Müssen wir uns schuldig fühlen, wenn uns das Göttliche mit materiellem Reichtum gesegnet hat?

MM: Nein.

F: Sind die Menschen heute zu sehr von ihren eigenen Schöpfungen eingenommen, und sind sie dabei zu weit gegangen?

MM: Ja. Der Mensch muss das Gleichgewicht bewahren. Er muss versuchen, sich Gottes zu erinnern und gleichzeitig in der Welt zu leben.

F: Wenn ich Dein Foto betrachte, kommt es mir manchmal so vor, als würde sich Dein Gesicht verändern. Ist das Einbildung?

MM: Es gab einige Leute, die sagten, sie hätten meine Fotos lachen, reden und sich verändern sehen. Wenn du solche Dinge siehst, sei vorsichtig. Es stellte sich später heraus, dass einige dieser Leute psychisch gestört waren.

F: Manchmal höre ich Deine Stimme, die mir sagt, ich soll dies oder jenes tun. Soll ich der Stimme folgen?

MM: Gebrauche deinen gesunden Menschenverstand. Miss dem, was du in Visionen siehst, hörst oder erlebst, keine besondere Bedeutung bei.

F: Wegen meiner persönlichen Verpflichtungen und auch wegen meiner Gesundheit kann ich nicht das tun, was ich gerne für die Menschen tun würde.

MM: Wenn wir im öffentlichen Leben stehen, sind wir denen verpflichtet, die uns unterstützen. Manchmal müssen wir unser privates Leben dem öffentlichen opfern. Wenn dich die Öffentlichkeit lobt und dich dies glücklich macht, ist das in

Ordnung. Kritisiert sie dich, sei nicht niedergeschlagen. Bete zum Göttlichen um Hilfe, damit du die Situation verbessern kannst, und bitte um die Kraft, der Allgemeinheit zu dienen.

F: Mutter, es heißt, man solle Schutzgötter für das Haus haben. Stimmt das?

MM: Wenn wir solche Hausgötter haben, müssen wir sie auch regelmäßig in der vorgeschriebenen Weise verehren, sonst kann es sich schlecht auswirken.

F: Was bedeutet der rote Punkt auf deiner Stirn, Adilakshmi?

Adilakshmi: Der rote Punkt heißt Bottu oder Tilakam oder auch Kumkum. In Indien tragen ihn normalerweise die Frauen auf der Stirn zwischen den Augenbrauen. Er dient nicht nur der Schönheit, sondern weist darauf hin, dass eine Frau den Shakti-Aspekt Gottes besitzt und dass eine Frau außerdem verheiratet und keine Witwe ist, und bei einer jungen Frau, dass sie ehefähig ist. Der Bottu besteht aus Gelbwurz und Limone. Er wird in Anbetung der Shakti dargebracht, wobei in einer Puja die Namen der Göttinnen Lakshmi, Durga, Saraswati, Maheshwari, Shakti, Kali usw. – alles Formen des weiblichen Aspektes Gottes – gesungen werden. Nach den Agamas (Schriften) wird diese Art der Verehrung des Göttlichen, welche Sri Chakra Puja oder Nava Abharana Puja (Neun Juwele) genannt wird, jeweils am Vollmondtag (Purnima Tag) und während des Navaratri Festes (Dassehra) am Durga Puja-Tag durchgeführt.

Der Punkt heißt auch Kumkum. Kumkum ist ein Prasad (dargebrachte Speise) und wird bei der Puja der Shakti-Gottheit dargebracht und insbesondere von Frauen auf der Stirn getragen. Es gilt wie Vibhuti (geheiligte weiße Asche), das Lord Shiva bei der Puja dargebracht wird, als heilig. Kumkum und Vibhuti stehen also für Shakti und Shiva und sollen alles Übel vertreiben und dem Träger Segen bringen. Außerdem steht Kumkum für das dritte Auge, mit dem hochentwickelte oder verwirklichte Seelen das Göttliche sehen und erfahren können. An dieser Stelle zwischen den Augenbrauen ist auch das Stirn-Chakra im Körper, darüber dann das Scheitel-Chakra.

So spielt der Punkt für Frauen eine wichtige Rolle, den Segen des Göttlichen zu erhalten. In Indien tragen auch Männer, die die Shakti, Mahalakshmi, Durga, Saraswati, Maheshwari usw. verehren, das Kumkum. Da es etwas Heiliges ist, unterstützt und reinigt es den Menschen und macht ihn bereit, das Göttliche zu erlangen. Der Bereich zwischen den Augenbrauen gilt auch als Punkt der Sammlung bei der Meditation.

F: Hat es in deinem früheren Leben irgendetwas gegeben, das dich darauf vorbereitete, so nahe bei der Mutter zu leben?

Adilakshmi: Diese Frage habe ich selbst einmal der Mutter gestellt. Sie antwortete mir, dass es keine Vorbereitung dafür gebe, zum Göttlichen zu gehen. Vorbereitung ist nicht nötig.

F: War es auch in deiner Familie so?

Adilakshmi: Ja.

F: Also diesen Teil deines Wesens, der Gott liebt, gab es den auch schon in deiner Familie?

Adilakshmi: Ja. Ein Onkel von mir wurde Sannyasi (Mönch), und meine Großmutter verehrte Krishna.

F: Welchen Platz nimmt das Göttliche in deinem Leben ein?

Adilakshmi: Ohne das Göttliche ist das Leben leer.

F: Was stelltest du dir als Kind unter Gott und Göttin vor?

Adilakshmi: Gott, Göttin, das war für mich immer Familie, genau wie meine Mutter und alle anderen.

F: Auch schon, als du noch ganz klein warst?

Adilakshmi: Ja, immer.

F: Hast du auch manchmal Zweifel?

Adilakshmi: Was für Zweifel meinst du?

F: Nun, kleinere Zweifel – dass man sich unwürdig vorkommt, Angst hat, oder wenn es einmal eine Krise gibt usw..

Adilakshmi: Dann bitte ich die Mutter um Hilfe.

F: Nie ein Gefühl des Unwürdigseins oder der Angst? Kein Zweifeln an Gott?

Adilakshmi: Nein. In der Liebe der Mutter geborgen kennen Kinder keine Angst. In meinem Fühlen gehört Gott zur Familie. Das ist für mich eine Realität. Ich habe volles Vertrauen, dass Gott existiert. Deshalb bin ich mit nichts von Zuhause fort, um die Mutter in allem zu finden.

అమ్మ

DIE SRI AUROBINDO FORSCHUNGSAKADEMIE

(Adilakshmi:) Die Weisheit der Mutter hat mich immer in Staunen versetzt, von Beginn an bis heute. Sie war noch keine zwanzig, als Mitglieder des Sri Aurobindo Ashrams, die mit Sri Aurobindo und Sweet Mother gelebt hatten, Sie kennen lernen wollten. Es war die geistige Elite des Ashrams. Die Mutter, Herr Reddy und ich gingen dann 1978 zu einem Treffen, bei dem die Vertreter dieser Elite der Mutter viele Fragen zu den verschiedensten Themen stellten. Die Mutter gab ihnen ganz klare Antworten, die sie sowohl im Herzen berührten als auch gedanklich überzeugten.

Nach diesem Treffen kamen einige zur Mutter und fragten Sie um Rat zu ihrer eigenen persönlichen spirituellen Entwicklung. Sie waren überrascht, von Ihr dasselbe zu hören, was ihnen schon Sri Aurobindo und Sweet Mother gesagt hatten.

Im gleichen Jahr 1978 berichtete die UNI, eine indische Regierungszeitung, in ganz Indien über die Göttlichkeit der Mutter.

Hier sind einige der Antworten, die die Mutter im Sri Aurobindo Ashram gab:

F: Fühlst Du die Gegenwart von Sweet Mother und Sri Aurobindo immer, oder erscheinen sie Dir nur zeitweilig?

MM: Immer.

F: Woher weißt Du, dass sie Sweet Mother und Sri Aurobindo sind?

MM: Sie haben sich mir vorgestellt.

F: Siehst Du sie immer oder fühlst Du sie?

MM: Ich sehe sie immer.

F: Welche Gestalt haben sie?

MM: Sie ähneln ihrer physischen Gestalt, sind jedoch voll leuchtender Energie, die verschiedene Formen annimmt.

F: Wie sieht Sri Aurobindo aus?

MM: Er ist heiter und ruhevoll wie ein Berg und lächelt nur selten.

F: Was ist der Unterschied zwischen Paramatman und Nirvana?

MM: Paramatman ist voll Licht; Nirvana ist ein Teil davon.

F: Was sollen wir tun, wenn Leute sich gegen Sri Aurobindo aussprechen?

MM: Bringt es Sri Aurobindo dar.

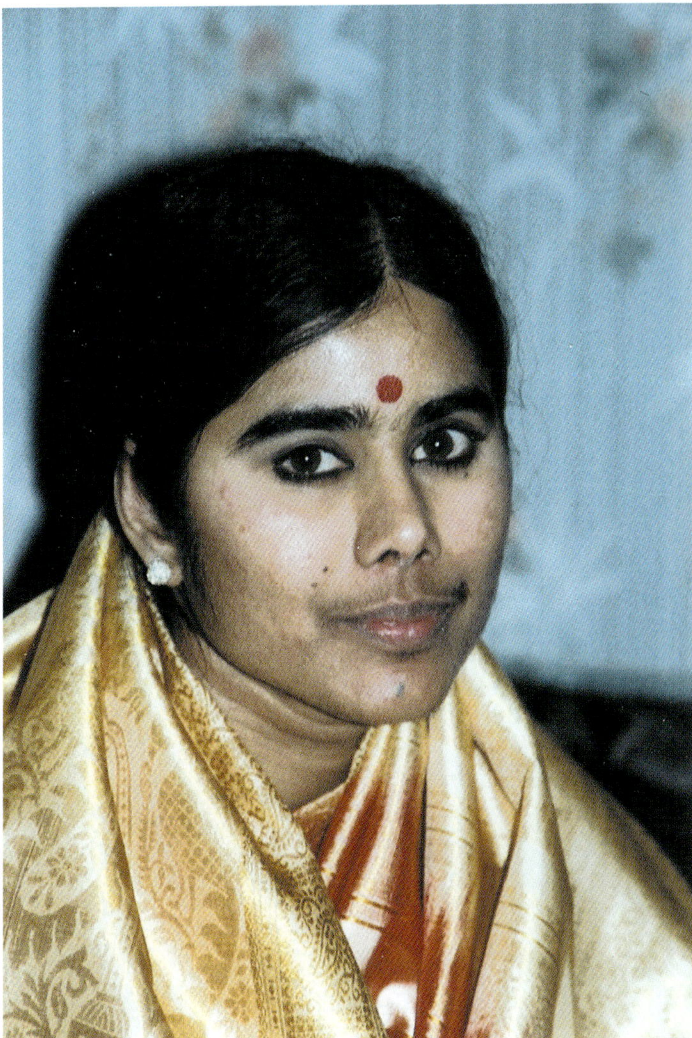

Thalheim, Deutschland 1996

F: Wenn Menschen kommen und sich am Samadhi (heilige Grabstätte) verneigen, wie reagieren Sweet Mother und Sri Aurobindo darauf?

MM: Sie lächeln und segnen sie.

F: Möchtest Du ein Yogi oder eine bedeutende Persönlichkeit sein?

MM: Nein.

F: Möchtest Du einige bestimmte Menschen verändern oder die ganze Welt?

MM: Die Welt.

F: Warum befreist Du Dich nicht durch höhere Kräfte von Deinen körperlichen Problemen?

MM: Wenn ich im supramentalen Bewusstsein bin, sind sie vergessen.

F: Stellst Du einen Unterschied fest zwischen dem Zustand vor und nach der Erfahrung des Supramentalen?

MM: Ja, es ist ein großer Unterschied.

F: Was fühlst Du, wenn die supramentalen Kräfte herabkommen?

MM: Der Körper wird leicht anstatt schwer. Die supramentale Natur ist voll Licht, Wissen, Frieden, Macht und Seligkeit.

F: Hast Du Ashrambewohner in der supramentalen Welt gesehen?

MM: Ja, ein paar.

F: Sweet Mother sagte, es gäbe in der feinstofflichen Welt ein Gebäude, in dem Sri Aurobindo wohne. Sie ginge oft dorthin. Hast Du dieses Gebäude gesehen?

MM: Ja.

F: Antwortest Du, indem Du nachdenkst?

MM: Nein, aus dem Denken heraus kann ich nicht sprechen. Ich sehe Dinge und dann spreche ich darüber.

F: Du sagst, seit der Herabkunft des supramentalen Bewusstseins wüsstest Du alles. Was bedeutet das?

MM: Ich bin von Wissen erfüllt.

F: Die Leute sagen, Sweet Mother habe ihren Körper verlassen, weil sie ihr Werk nicht habe beenden können. Stimmt das?

MM: Nein, das stimmt nicht. Sweet Mother verließ ihren Körper, weil er müde war. Sie setzt ihr Werk immer noch fort. Woher wisst ihr, was für ein Werk die Mutter tat, als sie in ihrem physischen Körper war?

F: Heute gibt es mehr Schwierigkeiten als früher, und zwar innerhalb und außerhalb des Ashrams. Warum, meinst Du, gibt es diese Schwierigkeiten?

MM: Weil die vollständige Hingabe fehlt.

F: Kannst Du anderen Licht, Wissen, Glückseligkeit und Frieden schenken?

MM: Wenn sie bereit sind zu empfangen, ja.

F: Kannst du uns sagen, welche Bewusstseinsebene bestimmte Leute erreicht haben?

MM: Nein.

F: Wird Sweet Mothers und Sri Aurobindos Werk vollendet werden?

MM: Ja. Mit Sicherheit.

F: Wird es im Ashram vollendet?

MM: Überall, außerhalb genauso. Das Licht strömt ständig herab.

F: Auf der ganzen Welt?

MM: Ja, auf der Welt, im Ashram, überall.

F: Wann wird das Werk vollbracht sein?

MM: Sri Aurobindo und die Mutter arbeiten ständig daran.

F: Was erwartest Du für die Welt?

MM: Alles Leid sollte sich auflösen. Alles und jeder sollten in etwas Zartes, Erleuchtetes verwandelt sein. Das Licht kommt fortwährend herab.

అమ్మ

NAMEN UND BEGRIFFE

das Absolute: höchstes göttliches Sein, Höchste Gottheit.

Adiparashakti oder **Adishakti:** die Ur-Shakti, die Höchste Mutter.

Advaita: Philosophie der Nicht-Getrenntheit, Nicht-Dualität oder Nicht-Zweiheit.

Amma, in Telugu **అమ్మ:** Mutter.

Avadhuta: verwirklichte Seele; jemand, der die Identität mit dem Höchsten verwirklicht hat; ein Asket, der alle weltlichen Bindungen aufgegeben hat.

Avatar: Inkarnation des Göttlichen auf der Erde.

Brahma: Gott als Schöpfer.

Brahmane: Mitglied der Priesterkaste (die vier Hauptkasten in Indien sind: Brahmanen, Kshatriyas, Vaishyas und Shudras).

Chakras: Bewusstseinszentren im Körper, die die Seele mit der äußeren Persönlichkeit verbinden.

Darshan: Selbstoffenbarung der Gottheit gegenüber dem Devotee.

Devotee: (engl.) Anhänger, Verehrer einer/eines Heiligen oder einer Gottheit.

Dharma: Pflicht, Tugend, Recht, Regel oder Prinzip.

Durga: der besiegende und schützende Aspekt der Kosmischen Mutter.

Gita: Bhagavad Gita ("Das Lied des Erhabenen"), mystische Dichtung in achtzehn Kapiteln mit einer einzigartigen Mischung aus Philosophie, Poesie und Mystik.

Götter und Göttinnen: aus dem Göttlichen hervorgegangene Persönlichkeiten und Kräfte.

das Göttliche: die höchste Wahrheit und das höchste Sein, das Höchste Selbst (individuell, kosmisch, transzendent).

Göttliche Mutter: die Höchste Mutter (siehe Adiparashakti).

Guru: spiritueller Lehrer oder Meister.

Homa: Feueropfer.

Ishwara: der Herr; ein Name für Shiva.

Jivanmukta: jemand, der von allen Wünschen freigeworden ist, der in der Welt, aber nicht von der Welt ist; wörtliche Übersetzung: "zu Lebzeiten befreit".

Jnani: jemand, der den Weg der Erkenntnis beschreitet, oder auf dem Weg der Erkenntnis zur Verwirklichung gekommen ist.

Krishna: Inkarnation von Vishnu.

Lakshmi: Göttin der höchsten Liebe und Seligkeit, auch des Wohlstands und der Fülle und des Glücks.

Maha: groß.
Mahakali: Göttin der Kraft und Stärke.
Mahalakshmi: siehe Lakshmi.
Mahasaraswati: siehe Saraswati.
Maheshwari: Göttin des höchsten Wissens.
Mental: Begriffliches Denkvermögen, Verstand, Unterscheidungsvermögen.
Nirwana: befreiter Zustand eines Wesens.
Paramatman: Das Höchste Selbst, das Absolute, das Höchste Göttliche Sein, die Seele aller Seelen.
Pandit: Gelehrter.
Rama: göttliche Inkarnation, Inkarnation Vishnus
Ramayana: Epos der Hindus; erzählt die Abenteuer von Rama, dem Sohn von Dasaradha, Bruder von Lakshmana und Bharata, Ehemann von Sita.
Puja: Rituelle Zeremonie, um Dankbarkeit dem Meister oder einer Gottheit zu bezeugen.
Sadhana: geistige Übung, spirituelle Disziplin.
Samadhi: Grabstätte einer heiligen Person. Zweite Bedeutung: Zustand der Gottesvereinigung.
Saraswati: Göttin der Gelehrsamkeit und Vollkommenheit, Kunst und Musik.
Shakti: Energie, Kraft, Macht.
Shiva: Indische Gottheit, einer der drei Aspekte der indischen Trinität: Brahma (=Schöpfer), Vishnu (=Erhalter und Beschützer), Shiva (=Zerstörer, Befreier).

Sri Aurobindo: Bedeutendster indischer Yogi und Philosoph der Neuzeit. Verbrachte den größten Teil seiner dem Yoga gewidmeten Lebenszeit in Pondicherry, im französischsprachigen Indien. Er verfasste mehrere metaphysische Meisterwerke, das bedeutendste unter dem Titel *The Life Divine* (Das göttliche Leben). Sri Aurobindo war auch ein hervorragender Dichter. Er schrieb u.a. das Epos *Savitri*. Sri Aurobindos Yoga, der Indiens traditionellen Yogaformen verpflichtet ist, überschreitet deren Begrenzungen. Er ist ein Integraler Yoga, der als solcher das Leben nicht als Illusion leugnet oder vor ihm flieht, sondern die vollständige und radikale Umwandlung des Lebens auf der Erde anstrebt. Sri Aurobindos Aufgabe war es, das supramentale Licht, das die Umwandlung des Lebens in das göttliche Leben ermöglichen soll, in das Erdbewusstsein herabzurufen, der Menschheit dieses Licht bewusst zu machen und sie dafür zu öffnen.

Supramental: Bewusstseinsebene, auf der die Wahrheit offenbar ist; Natur des göttlichen Geists, aus der sich alle Schöpfung herleitet; Ziel der Evolution auf der Erde.

Sweet Mother: Sri Aurobindos Shakti oder göttliche Partnerin bei dem Werk der Transformation. Sie war Französin und lebte in Pondicherry, wo sie den Ashram gründete. Sie wird von ihren Anhängern als Inkarnation der Göttlichen Mutter verehrt. Es war Sweet Mothers Aufgabe, das supramentale Licht ins Erdbewusstsein herabzubringen. Dies tat sie im Jahre 1956, und dadurch ist die Transformation zu einer Gewissheit geworden. Fünfundneunzig-jährig verließ sie 1973 ihren Körper.

Veden: früheste spirituelle Literatur Indiens; es gibt vier Veden.

Vibhuti: Eine Inkarnation, die für eine spezielle weltliche Arbeit auf die Erde kommt. Zweite Bedeutung: heilige Asche.

Vishnu: Gott als Erhalter, der Herr des Schutzes.

Yoga: Vereinigung mit dem Göttlichen.

Yogi: jemand, der durch spirituelle Bemühung und Disziplin die Vereinigung mit dem Göttlichen erreicht hat.

అమ్మ

DARSHAN INFORMATION

Mutter Meera gibt jede Woche vier Darshans
Freitag, Samstag, Sonntag und Montag abends um 19:00 Uhr. Einlaß ab 18:15 Uhr.
Darshan-Reservierungen: an 7 Tagen der Woche 10:00-17:00 Uhr.
Tel.: 06436-91050, -91051, -2305
Fax: 06436-2361 oder 06432-508853. Eine Wegbeschreibung können Sie per Fax abrufen (Fax-on-Demand).

Der Darshan ist kostenlos.
Eine Reservierung ist erforderlich und nur telefonisch möglich. Bitte rufen Sie mehrere Wochen im voraus an. Darshanbesucher sollten zwei Stunden ruhig sitzen können und gesundheitlich stabil genug sein, um ohne Störung teilnehmen zu können. Kindern ist die Teilnahme nicht gestattet. Sie erhalten Mutters Segen durch ihre Eltern. Kommen Sie bitte normal gekleidet, mit gewaschenen Haaren und sauberen Socken.

Fragen an Mutter werden durch Adilakshmi oder andere telefonisch beantwortet jeden Fr, Sa, So und Mo zwischen 16:00 und 17:00 Uhr, Tel.: 06432-508833. Brife an Mutter Meera sollten in Deutsch oder Englisch abgefaßt sein.

Darshan Adresse:
Mutter Meera
Schloss Schaumburg
65558 Balduinstein
Deutschland

Post Adresse:
Mutter Meera
Oberdorf 4a
65599 Dornburg-Thalheim
Deutschland

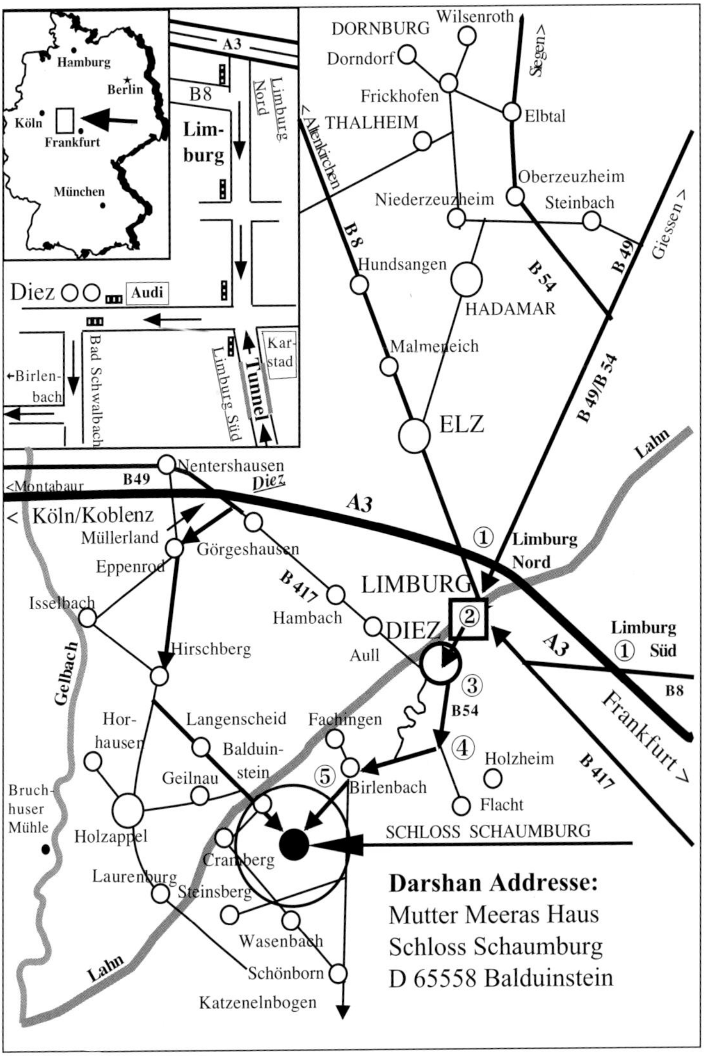
Hamburg
Berlin
Köln
Frankfurt
München
A3
B8
Limburg Nord
Lim-
burg
Diez
Audi
Bad Schwalbach
Birlen-
bach
Limburg Süd
Tunnel
Kar-
stad
DORNBURG
Wilsenroth
Dorndorf
Frickhofen
Siegen>
Elbtal
THALHEIM
<Altenkirchen
Oberzeuzheim
Niederzeuzheim
Steinbach
Giessen>
B 49
B 54
B 8
Hundsangen
HADAMAR
Malmeneich
B 49/B 54
ELZ
Lahn
Nentershausen
<Montabaur
B49
Diez
A3
< Köln/Koblenz
Müllerland
Görgeshausen
Eppenrod
① Limburg
Nord
B 417
LIMBURG
Hambach
Isselbach
DIEZ
②
Aull
Limburg
① Süd
A3
Gelbach
Hirschberg
③
B54
B8
Frankfurt >
Hor-
hausen
Langenscheid
Fachingen
④
Holzheim
Balduin-
stein
⑤
Geilnau
Birlenbach
B 417
Bruch-
huser
Mühle
Flacht
Holzappel
SCHLOSS SCHAUMBURG
Cramberg
Laurenburg
Steinsberg
Wasenbach
Lahn
Schönborn
Katzenelnbogen
Darshan Addresse:
Mutter Meeras Haus
Schloss Schaumburg
D 65558 Balduinstein

Folgende Bücher können bei den obigen Adressen bestellt werden:
Antworten, Teil 1 von Mutter Meera in Deutsch, Englisch, Französisch, Niederländisch und Tschechisch.
Antworten, Teil 2 von Mutter Meera in Deutsch, Englisch, Französisch und Tschechisch.
Die Mutter von Adilakshmi in Deutsch, Englisch, Französisch, und Niederländisch.
Bringing Down the Light, Gemälde von Mutter Meera, dreisprachig in Deutsch, Englisch und Französisch.

Daneben können Fotos von Mutter Meera in folgenden Formaten bestellt werden: Passfotogröße, 9x13cm, 13x18cm und 20x30cm.

Wegbeschreibung zu Mutter Meeras Darshan

Anreise per Flugzeug: Fliegen Sie nach Frankfurt am Main, Hahn oder Köln/Bonn.

Per Bahn vom Flughafen Frankfurt a.M.:
Fahrkarten gibt es am Ticketautomaten oder im Reise-Zentrum in Terminal 1 unter Sektion B.
Entweder 1) S-Bahn Flughafen - Frankfurt HBF, 2) Frankfurt HBF - Limburg (ev. mit Umstieg in Niedernhausen), 3) Vorortzug Limburg - Balduinstein oder Ihr Zielort.
Oder Direktzug vom Flughafen Frankfurt a.M. (Fernbahnhof) nach Limburg-Süd und dann per Taxi oder Vorortzug nach Balduinstein oder Ihrem Zielort (wenn Sie den Vorortzug nehmen wollen, müssen Sie den Shuttlebus von Limburg-Süd nach Limburg HBF nehmen). Diese Verbindung ist sehr viel schneller aber auch teurer.

Per Bahn aus allen anderen Richtungen:
Zug Gießen-Limburg-Koblenz: Balduinstein die dritte Haltestelle nach Limburg. Sie können in etwa 30 Minuten von Balduinstein zur Schaumburg laufen. Allerdings geht esbergauf und Sie brauchen gutes Schuhwerk und eine Taschenlampe. Es gibt keinen öffentlichen Nahverkehr zur Schaumburg.

Mit dem Auto: Wenn Sie ein Auto mieten wollen, empfiehlt es sich, den Preis bereits vor der Abreise auszuhandeln.
Vom Flughafen Frankfurt a.M. aus zur Schaumburg (ca. 1 Std.) nehmen Sie die A3 Richtung Wiesbaden und dann Richtung Köln.
Von Frankfurt a.M. aus nehmen Sie die A66 nach Wiesbaden und dann die A3 Richtung Köln.
1) Von der A3 Ausfahrt Limburg-Süd > Limburg. 2) Nach dem Tunnel links zur B54 Richtung Bad Schwalbach/Diez. 3) In Diez links abbiegen (nach zwei großen rot-weißen DEA Öltanks) und der B54 folgen Richtung Bad Schwalbach/ Katzenelnbogen. 4) Nach 1.5km rechts Richtung Katzenelnbogen/Birlenbach. 5) Nach Birlenbach in der Kurve (mit der Betonmittelleitplanke) rechts Richtung Balduinstein/Schaumburg. Sie sehen die Burg nach ca. 1km auf der linken Seite.
Von Köln aus nehmen Sie die A3 bis Ausfahrt 41 (Diez/ Nassau). Danach zweimal rechts Richtung Nassau/ Eppenrod. Folgen Sie der Ausschilderung Richtung Hirschberg > Langenscheid > Balduinstein > Schaumburg.

అమ్మ